월급쟁이 투자자를 위한

완벽한 실전 투자법

월급쟁이 투자자를 위한

기업분석 30년,
투자 전문가 포카라가
알려주는 최강의
투자 전략

이강연(포카라) 지음

완벽한
실전 투자법

길벗

월급쟁이 투자자를 위한 완벽한 실전 투자법

초판 1쇄 발행 · 2021년 11월 19일

지은이 · 이강연
발행인 · 이종원
발행처 · (주)도서출판 길벗
브랜드 · 더퀘스트
주소 · 서울시 마포구 월드컵로 10길 56(서교동)
대표전화 · 02)332-0931 | 팩스 · 02)322-0586
출판사 등록일 · 1990년 12월 24일
홈페이지 · www.gilbut.co.kr | 이메일 · gilbut@gilbut.co.kr

기획 및 책임편집 · 유예진(jasmine@gilbut.co.kr), 송은경, 오수영 | **제작** · 이준호, 손일순, 이진혁
마케팅 · 정경원, 김진영, 김도현, 장세진 | **영업관리** · 김명자 | **독자지원** · 송혜란, 윤정아

디자인 · 디박스 | **교정교열** · 최진
CTP 출력 및 인쇄 · 북토리 | **제본** · 금강제본

- 더퀘스트는 ㈜도서출판 길벗의 인문교양 · 비즈니스 단행본 브랜드입니다.
- 이 책은 저작권법에 따라 보호받는 저작물이므로 무단전재와 무단복제를 금지하며, 이 책 내용의 전부 또는 일부를 이용하려면
  반드시 저작권자와 (주)도서출판 길벗(더퀘스트)의 서면 동의를 받아야 합니다.
- 잘못 만든 책은 구입한 서점에서 바꿔 드립니다.

ⓒ 이강연
ISBN 979-11-6521-743-3 03320
(길벗 도서번호 090197)

정가 16,500원

독자의 1초까지 아껴주는 정성 길벗출판사
길벗 | IT실용서, IT/일반 수험서, IT전문서, 경제실용서, 취미실용서, 건강실용서, 자녀교육서
더퀘스트 | 인문교양서, 비즈니스서
길벗이지톡 | 어학단행본, 어학수험서
길벗스쿨 | 국어학습, 수학학습, 어린이교양, 주니어 어학학습, 교과서
페이스북 | www.facebook.com/market4.0
네이버 포스트 | post.naver.com/thequestbook

「이 도서의 국립중앙도서관 출판예정도서목록(CIP)은 서지정보유통지원시스템 홈페이지(http://seoji.nl.go.kr)와
국가자료공동목록시스템(http://www.nl.go.kr/kolisnet)에서 이용하실 수 있습니다.(CIP제어번호: CIP2017018897)」

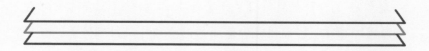

주식투자의 성배를 찾아가는 여정

주식투자의 세계에 과연 성배가 있을까요? 많은 투자자들이 오늘도 큰돈을 벌어줄 성배를 찾아 헤매곤 합니다. 무엇이 우리를 성배가 있는 곳으로 데려다줄 수 있을까요?

많은 초보 투자자들이 위대한 투자자들의 투자 방식을 공부하고 그대로 따라 하는 전략을 취하곤 합니다. 그런데 문제는 모든 투자자들의 사정이 각자 다 다르다는 데 있습니다. 투자 여건, 자금 사정, 배움의 정도, 투자 대상 등에서 모든 투자자들은 다를 수밖에 없죠. 이렇게 각자의 사정이 다른데 똑같은 전략을 따라 하는 게 과연 효과적일까요? 직장인들 입장에서 한번 생각해봅시다. 직장인들은 회사에서 보내는 시간이 많기 때문에 시장과 종목에 대한 분석에 할애할 시간이 절대적으로 부족합니다. 데이트레이딩이나 단기 매매는 꿈도 꾸기 어렵죠. 매월 현금흐름이 있지만 투자 자금도 제한적입니다.

모든 투자자들이 그렇지만 특히나 직장인들은 이러한 제약조건을 고려해서 자신에게 알맞는 투자 전략을 잘 세워야 합니다. 이 책은 시간이 부족한 직장인들을 위해 투자를 할 때 핵심적으로 봐야 할 '기본적 분석'과 '기술적 분석'의 내용을 중점적으로 다루고 있습니다. 직장생활에 지장이 없는 선에서 짬을 내 투자를 해야 하기 때문에 단기 투자 방식은 배제했습니다.

일반적으로 주식투자에 사용하는 분석 방법으로는 크게 두 가지가 있습니다. 기업의 재무제표를 분석하는 기본적 분석과 차트를 통해 주가를 예측하는 기술적 분석이 있지요. 각각의 분석 방법은 장단점이 명확하고 서로의 단점을 상호 보완하기도 합니다. 그래서 이 책은 주식투자의 핵심을 이렇게 정의하려고 합니다.

"재무제표 분석(기본적 분석)을 통해 좋은 기업을 찾아내고, 기술적 분석을 통해 그 기업이 좋은 가격에 왔을 때 매매하자."

실적이 좋고 재무상태가 우량하고 경제적 해자가 있는 기업을 찾아서 이를 투자 종목 대상으로 정해야 합니다. 모든 주식을 매매 대상으로 삼는 방식은 직장인들의 투자 여건을 감안해볼 때 별로 바람직하지 않습니다. 경제적 해자가 없고 실적이 좋지 않은 종목을 투자 대상 종목으로 선정할 필요는 없는 것이죠. 좋은 토질에서 작물이 잘 자라는 법입니다.

좋은 기업이라고 해서 주가에 상관없이 매수하자는 뜻은 아닙니다. 좋은 기업이 좋은 가격에 나왔을 때 매수해야 합니다. 좋은 기업을 고르기 위해서는 먼저 기업의 재무제표를 읽고 그 숫자들이 무엇을 의미하는지 해석할 수 있어야 합니다. 그리고 좋은 가격을 포착하기 위해서는 기술적 분석의 도움을 받아야 합니다.

일반 직장에 다니는 분들에게는 재무제표 분석이 어렵게 느껴질 수도 있습니다. 재무제표는 기업의 사업 내용을 일정한 원칙에 따라 기술한 장부인데요, 사실 중요한 원리만 파악하면 초보자들도 재무제표를 이해하기가 그리 힘들지 않습니다. 재무제표 읽기에 서툴더라도 이 책에서 이야기하는 세 가지 지표를 확인하는 것만으로도 좋은 기업을 고를 수 있습니다. 가장 중요한 세 가지 지표는 바로 재무상태표에서의 자기자본이익률, 손익계산서에서의 영업이익률, 현금흐름표에서의 잉여현금흐름입니다. 이 핵심적인 세 개 지표만 명쾌하게 이해해도 좋은 주식을 선별하는 여러분만의 눈을 가질 수 있을 것입니다. 이렇게 시작해서 공부하다가 재무제표에 더 흥미가 생기면 그때 더 깊이 있는 기본적 분석에 들어가시기를 권합니다.

기술적 분석은 시점 선택에 도움을 주는 도구입니다. 좋은 기업을 좋은 가격에 사야 좋은 주식이 됩니다. 아무리 좋은 기업의 주식이라도 비싼 가격에 사면 낭패를 볼 수 있죠. 그래서 시점 선택 역시 좋은 기업 고르는 것 못지않게 중요합니다. 이 책에서는 시점 선택을 위해 볼린저 밴드를 적절하게 활용하는 방법에 대해 다뤘습니다. 볼린저 밴드는 매우 직관적이어서 초보자들도 투자에 활용하는 데 어렵지 않습니다. 지표에 대한 간단한 이해와 변수 값 설정, 매수와 매도 시점에 대해서만 이해하면 됩니다.

좋은 기업을 좋은 가격에 사면 좋은 주식이 됩니다. 이때 포트폴리오 구성도 생각해봐야 합니다. 한두 종목에만 투자해서는 리스크가 크기 때문이죠. 투자 금액을 감안해야겠지만 포트폴리오 종목은 10개 정도로 구성하는 것이 좋습니다. 물론 10개 종목 중에서 비중이 일정할 필요는 없습니다. 확신이 들면 특정 종목의 비중을 좀 더 높여도 됩니다. 다만 지나친 집중 투자는 손실의 위험이 크다는 점을 꼭 염두에 두시기 바랍니다.

마지막 제4장에서는 직장인들이 매월 적립식 투자를 통해 목돈 마련하는 방법에 대해 다뤘습니다. 적립식 투자는 안정적이면서도 높은 수익을 올릴 수 있는 투자 전략이기에 직장인들이라면 꼭 알아둬야 할 필요가 있겠습니다.

저는 주식투자란 자기만의 매매 기법을 완성하는 '과정'이라고 생각합니다. 주식투자에 성배란 없으며 스스로의 경험에서 배우고, 조금씩 자신의 매매 기법을 다듬어 나가는 것만이 최선이라고요. 이 책이 자기만의 매매 기법을 찾아가는 여러분의 그 여정에 조금이나마 도움이 되었으면 합니다.

좋은 기업을 알아보는법
: 재무제표로 기업의 본질 파악하기

최적의 매매 타이밍을 잡는 법
: 기술적 분석으로 주가 패턴 파악하기

1장

직장인의 주식투자, 어떻게 할 것인가?

월급쟁이 투자자인
당신이 알아야 할 것

저성장과 저금리가 기준이 된 시대

　저성장, 저금리, 소비 위축이 뉴노멀, 즉 새로운 기준으로 자리 잡은 지 이미 오래입니다. 성장률과 금리는 바늘과 실의 관계죠. 오늘날과 같은 저성장 시대의 기업들은 투자를 하고 싶어도 높은 수익률을 담보하기가 쉽지 않고, 이 때문에 대출 수요가 줄어들게 됩니다. 개인은 개인대로 만성적으로 높은 실업률과 일자리 불안감 때문에 소비를 줄일 수밖에 없죠. 말 그대로 저금리 체제가 고착화되고 있는 상황입니다.

　다음 그림은 미국 국채 10년물 수익률 차트입니다. 무려 150년간 미국 국채 10년물 수익률은 1% 아래로 떨어진 적이 없었습니다. 그랬던 것이 2020년 7월엔 0.5%까지 하락했습니다. 유럽 국가들이나 일본 국채는 이미 마이너스 수익률을 기록하고 있습니다. 금융시장에 초유의 현상이 나타나고 있는 것입니다.

■ 그림 1-1 | 미 국채 10년물 수익률 차트(1870~2020년) ■

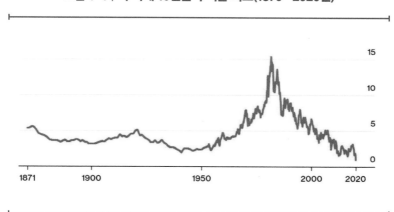

이런 상황을 직장인의 입장에서 한번 생각해봅시다. 부동산 가격은 급등하고 가계부채는 증가합니다. 평생직장 개념은 이미 사라졌습니다. 고령화 시대는 도래하는데 일자리 불안감은 더욱 커집니다. 재테크에 관심을 가질 수밖에 없는 상황이죠. 은행에 저축하는 방식의 재테크 시대는 이제 지나갔습니다. 앞으로는 마이너스 금리가 보편화되어 은행에 돈을 맡기면 오히려 보관료를 물어야 할지도 모릅니다. 시대가 이러하니 많은 직장인들이 재테크 전선에 뛰어드는 게 당연한 결과가 아닌가 싶습니다.

오늘날 재테크 수단에는 여러 가지가 있습니다. 대표적으로 주식, 부동산, 채권, 금, 비트코인 등이 있지요. 그런데 모든 투자에는 제약 조건이 존재합니다. 직장인들은 시간적 제약 요인을 우선적으로 생각해야 합니다. 직장생활을 하면서 가외로 시간을 내 투자를 해야 한다는 것이 가장 큰 장애물이죠. 또 하나는 리스크입니다. 직장인들에게 가격 변동성이 큰 투자는 아무래도 어렵습니다. 직장생활에 지장을 줄 수 있기 때문이죠. 어쨌든 직장생활이 우선이고 투자는 보조적인 수단이어야 하는데 투자 손실로 인해 직장생활마저 불안해진다면 아예 투자를 하지 않는 것이 좋습니다.

이렇듯 저금리 시대가 도래했고 일자리 불안감은 높아지다 보니 많은 직장인들이 재테크를 위해 주식투자에 뛰어든 상황입니다. 이는 비단 한국만의 현상이 아니고 미국, 일본, 중국, 유럽 등에서도 매우 이례적으로 개인 투자자 열풍이 불고 있다고 하죠. 전 세계적으로 이런 현상이 일어나는 이유는 뭘까요? 바로 그 밑바탕에는 저금리 시대에 보다 높은 수익률을 추구하겠다는 사람들의 열망이 자리하고 있습니다.

직장인들이 가져야 할 올바른 투자 자세

직장인 투자자들은 투자에 할애할 수 있는 시간이 한정되어 있고 투자 금액도 크지 않지만 재테크 열망만큼은 그 누구보다 뜨겁습니다. 직장이나 사회가 자신을 보호해주지 못하기 때문에 스스로 재테크에 나설 수밖에 없죠. 비단 직장인들만이 아니라 대학생, 주부, 은퇴자들도 주식시장에 참여합니다. 사실상 주식투자로 수익을 내기가 결코 쉽지 않은데도 많은 투자자들이 시장으로 몰려오는 상황입니다. 이럴 때 필요한 바람직한 투자 자세는 무엇일까요? 직장인들을 포함해서 일반 투자자들이 저지르는 대표적인 실수들과 관련지어 이를 한번 생각해보겠습니다.

공부하지 않고 무작정 뛰어드는 투자

첫째, 일반 투자자들은 투자를 제대로 공부할 시간이 없습니다. 전업 투자자가 아니다 보니 주식투자에 많은 시간을 할애하지 못합니다. 주식투자가 전문적인 지식과 노하우가 필요한 영역임에도 불구하고 접근이 쉽다는 이유로 투자에 서슴없이 뛰어듭니다.

비유를 들어 설명해보겠습니다. 여기 뇌 수술을 받으려는 환자가 있습니다. 그런데 수술실에 웬 택시 운전사가 들어와서 수술용 장갑을 끼고 수술을 하겠다고 합니다. 환자는 택시 운전사에게 수술을 흔쾌히 맡길 수 있을까요? 수술은 오랜 시간 훈련을 해온 전문가의 영역입니다. 이와 마찬가지로 주식투자도 일정 기간 공부를 통해 완성해가야 할 분야입니다. 당장 투자를 시작해서 수익을 내기는 어렵다는 얘기죠. 접근이 쉽다고 만만하게 보면 안 되는 영역인데 많은 투자자들이 이 점을 간과합니다.

대박 심리와 조급증

둘째, 일반 투자자들은 투자 금액에 한계가 있습니다. 특히 직장인들이 투자에 임할 때는 자금 사정을 꼭 고려해야 합니다. 적은 금액으로 투자를 시작하면서 대박을 노리는 사람들을 자주 봅니다. 하지만 투자 공부가 되지 않은 상태에서 빨리 큰돈을 벌겠다는 조급한 심리는 투자를 망치는 지름길입니다. 실력이 아닌 행운으로 큰 수익을 얻었다고 해도 장기적인 관점에서 본다면 독이 될 가능성이 큽니다. 두 번째 큰 수익을 노리기 위해 무모한 투자를 반복할 가능성이 크기 때문입니다.

투자 금액에 한계가 있더라도 절대로 조급증을 가져서는 안 됩니다. 그렇지 않으면 계속 대박을 노리는 투자로 실패를 반복하게 됩니다. 투자는 금액의 문제가 아니라 태도의 문제입니다. 실패의 반복을 끊어내려면 자신의 투자 철학을 정립할 때까지 꾸준히 지식을 쌓아야 합니다. 투자 금액은 실제로 이익이 지속적으로 나기 시작할 때 늘려도 늦지 않습니다. 투자의 가장 큰 적은 빨리 가겠다는 조급증이라는 걸 기억하시기 바랍니다.

투자자들이 경계해야 할 대박 심리에 대해 좀 더 생각해보겠습니다. 주식에 갓 입문한 사람이든, 투자 경력 10년이 넘는 사람이든 목표는 모두 같습니다. 바로 높은 수익률이죠. 그런데 주식투자를 해보면 돈 벌기가 결코 쉽지 않다는 것을 몸으로 느끼게 됩니다. 그러다 보니 자주 몰빵하고 싶은 유혹에 빠집니다. '한두 종목으로 대박 내고 편하게 살자'라는 심리죠. 물론 운 좋게 우연히 대박이 올 수도 있습니다. 이때 대박 이후에 어떤 자세를 갖느냐가 더 중요합니다. 대박의 기억은 영원히 뇌리 속에 각인되기 때문에 대박의 유혹에서 결코 벗어나지 못할 가능성이 큽니다. 그러므로 대박은 자신의 실력에서 비롯된 것이 아니라 행운이었다는 사실을 기억해야 합니다. 행운은 결코 자주 오지 않습니다. 그런데도 계속 대박을 노리는 투자를 추구하는 이유는 자신의 대박은 행운이 아니라고 믿기 때문입니다.

한두 종목에 몰리는 투자

워런 버핏은 개인 투자자들에게 10종목 이상을 투자하라고 늘 강조합니다. 포트폴리오를 구성해서 투자하라는 이야기입니다. 이른바 '분산 투자'를 하라는 것인데 왜 포트폴리오를 구성해서 투자해야 하는 걸까요? 가장 중요한 이유는 리스크 관리 때문입니다.

한두 종목에 투자자산을 배분하는 집중 투자는 큰 수익을 얻을 수도 있지만 그만큼 리스크가 큽니다. 그런데도 많은 이들이 극소수 종목에 집중 투자를 하는 이유는 앞서 설명했듯이 대박을 노리기 때문입니다. 초보 투자자나 직장인 투자자들은 이런 투자 행태를 삼가야 합니다. 주가 변동성이 클 때 대처가 어렵기 때문입니다.

포트폴리오를 구성해서 투자할 때의 가장 큰 이점은 리스크도 함께 분산된다는 점입니다. 한두 종목이 하락하더라도 다른 종목이 오르면 전체 수익률에는 큰 타격이 없습니다 예컨대 10종목을 10% 비중으로 투자할 경우 한 종목이 30% 하락하더라도 전체 투자자산 수익률에 미치는 영향은 -3%입니다. 이 정도 하락은 충분히 감내할 수 있습니다. 포트폴리오 내에 다른 종목들이 상승할 수도 있기 때문에 수익률 하락이 제한적인 것이죠. 한 종목이 전체 포트폴리오에 미치는 영향을 최소화해야 장기 투자가 가능합니다. 계란을 한 바구니에 담으면 위험합니다. 위험 분산 차원에서 포트폴리오 구성은 절대적으로 필요합니다. 한두 종목에 집중 투자는 '투기'라고 할 수 있습니다. 투자는 결코 투기가 아닙니다.

포트폴리오를 구성하는 투자는 대박을 노리는 투자와 달리 수익률이 안정적으로 우상향하는 것을 목표로 합니다. 초보자들이 투자 시 가장 중요하게 생각해야 할 점은 바로 원금 손실을 보지 않는 것입니다. 투자 목표는 투자 수익 극대화가 아니라 '손실을 내지 않겠다'가 되어야 합니다. 수익을 극대화하겠다는 목표는 투자자들을 무의식적으로 조급하게 만들기 때문입니다.

투자에서는 인내심이 매우 중요한 역할을 하는데, 조급증은 인내심의 가장 큰 적이라 해도 과언이 아닙니다. 조급증 때문에 주가가 급등하거나 급락할 때 투자를 망치게 되죠. 조급증은 급등하는 종목을 보면 추격 매수해서 비싼 가격에 사게 만들고, 급락하는 종목을 최저가에 팔게 합니다. 이러한 잘못된 판단을 하지 않으려면 조급증을 제어하기 위한 수단으로 반드시 포트폴리오 투자를 선택해야 합니다.

포트폴리오 투자는 심리적 안정에 기여할 뿐더러 기업에 대한 공부에도 큰 도움이 됩니다. 한두 종목에만 집중 투자를 하면 그 종목 시세에만 매달려 다른 종목에 대한 관심과 분석에 소홀할 수 있는데 분산 투자를 하면 여러 기업들을 함께 볼 수 있죠. 세상에는 좋은 기

업들이 많습니다. 여러 종목에 대한 관심과 공부는 투자자들에게 큰
자산이 됩니다.

　국내 주식만으로 포트폴리오를 만들어 투자를 하다가 경험이 쌓이
면 해외 종목을 편입할 수 있습니다. 더 나아가 채권, 금, ETF 등도 포
트폴리오 대상으로 고려해볼 수 있습니다. 다만 초보 투자자라면 먼
저 국내 주식으로 포트폴리오를 구성해 투자 경험을 쌓은 후 단계적
으로 시야를 넓혀 나가야 하겠습니다.

투자 공부는
어떻게 시작해야 할까?

경험을 자산으로 바꾸는 투자 공부를 시작하라

주식투자를 위한 공부에는 크게 두 가지 방법이 있습니다. 재무제표를 해석하는 능력을 키우고, 이를 바탕으로 기업의 기본적 가치를 분석하는 방식이 첫 번째입니다. 다른 하나는 차트를 살펴보면서 매매 시점을 찾는 기술적 분석입니다. 실전 투자에서는 기본적 분석과 기술적 분석을 같이 사용하는 경우가 많습니다. 기업의 실적도 참고하면서 차트도 분석합니다.

이 책은 직장인 투자자들이 시간 제약과 투자 자금의 한계 속에서 어떻게 공부해야 할 것인가에 대한 고민을 담았습니다. 지인들을 통해 들은 정보나 뉴스를 보고 즉흥적으로 투자하는 방식은 지속적인 성공을 보장해주지 못합니다. 그러므로 투자를 할 때는 일회성의 수익이 아닌 자기만의 매매 기법 정립을 목표로 삼아야 합니다.

투자에도 일정 기간 경험의 축적이 필요합니다. 하지만 투자 지식이 갖춰지지 않은 상태에서의 경험 축적은 큰 도움이 되지 않을 수도 있습니다. 경험을 반추하고 반성할 '거울'이 없기 때문입니다. 투자 경험이 진정으로 도움이 되려면, 즉 경험이 자산이 되어 한 걸음씩 나아갈 수 있으려면 기본적으로 알아야 할 재무적 지식과 기술적 분석 공부가 선행되어야 합니다. 그리고 공부를 통해 얻은 지식과 경험이 계속 피드백 작용을 해야 합니다.

기본적 분석의 핵심, 재무제표

회계에 대한 지식이 없는 초보자라면 재무제표를 보는 게 조금 어렵고 답답하게 느껴질 수 있습니다. 그런데 회계의 본질은 사실 그렇게 어려운 게 아닙니다. 회계는 기업의 실상을 원칙에 따라 기술한 표입니다. 용어가 낯설고 작성 원칙 등에 대한 기본 지식이 없기 때문에 어렵게 느껴질 뿐이죠.

재무제표를 능숙하게 읽고 주식투자에 임한다면 더 좋겠지만 재무제표의 기본 구조와 숫자가 의미하는 내용만 알아도 충분합니다. 따라서 회계 지식 없이도 몇몇 지표가 무엇을 의미하는지만 잘 이해한다면 투자에 재무제표를 활용하는 데 큰 어려움은 없습니다. 예컨대 기업의 영업 상황을 나타내주는 손익계산서를 작성 과정부터 속속들이 알 필요는 없겠죠. 손익계산서가 어떤 내용을 보여주는지, 그리고 어떤 지표를 봐야 하는지만 알면 됩니다.

이 책에서는 재무상태표에서의 자기자본이익률(ROE), 손익계산서에서의 영업이익률(OPM), 현금흐름표에서의 잉여현금흐름(FCF), 이렇게 세 가지 지표에 집중할 예정입니다. 각각의 재무제표가 대표하는 내용과 구성원리를 살펴보고 핵심 지표를 잘 이해하면 초보 투자자

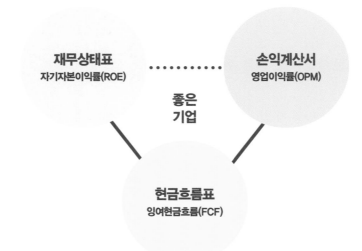

재무제표 분석은 좋은 기업을 찾기 위해 필요합니다.

들도 재무제표를 주식투자에 쉽게 활용할 수 있을 것입니다.

재무제표 분석은 좋은 기업을 찾기 위해 꼭 필요합니다. 영업이익률과 ROE가 동시에 높고 잉여현금흐름이 큰 종목이 좋은 기업입니다.

재무제표를 처음 접하는 분들은 이 책에서 이야기하는 중요한 지표 세 개를 중점적으로 보면서 투자에 활용하기 바랍니다. 더 많은 궁금증이 생기면 그때 가서 자세히 공부를 시작해도 늦지 않습니다.

기술적 분석을 통해 시점을 선택하자

좋은 기업을 골랐다면 이제 좋은 가격에 주식을 사야 합니다. 아무리 좋은 기업이라도 주가가 많이 올랐을 때 매입하면 손실이 발생할 수밖에 없습니다. 워런 버핏은 좋은 기업이라는 판단이 서면 좋은 가격이 올 때까지 몇 년이고 기다린다고 하죠. 바로 이때 기술적 분석이 좋은 가격을 판별하기 위한 지표를 제공합니다.

좋은 가격에 대해 판단 방법은 크게 두 가지로 나뉩니다. 기업의 내재가치를 계산하는 방법과 평균회귀를 중심으로 하는 방법이 있습니다.

내재가치를 통해 기업의 저평가 여부를 판단하는 방식을 '가치투자'라고 합니다. 기업의 순자산가치 대비 저평가 여부를 알 수 있는 지표는 PBR(Price on Book-value Ratio, 주당순자산비율)입니다. 기업을 청산한다고 가정했을 때 주주들에게 귀속되는 자산을 뜻하는데, 주당순자산과 주가를 비교해서 저평가 여부를 판정합니다.

주당순자산이 주가와 같다면 PBR은 1배입니다. 주당순자산이 5,000원이고 주가가 1만 원이라면 PBR은 0.5배가 되죠. 기업의 순자산가치가 시장에서 거래되는 가격보다 낮습니다. 바로 이런 경우가 좋은 가격이 형성된 때입니다.

PBR 지표 말고 PER(Price Earning Ratio, 주가수익비율) 지표도 있습니다. 기업이 이익을 얼마나 내는지를 통해 저평가 여부를 판단합니다. 배당, 매출액, EV/EBITDA(기업의 시장가치를 세전영업이익으로 나눈 값) 등도 내재가치를 판정하는 지표입니다. 이런 지표들과 주가를 비교해서 저평가 여부를 판정합니다.

좋은 기업을 찾아내는 또 하나의 방법은 주가가 역사적 고점과 저점에서 어느 위치에 있는지를 확인하는 것입니다. 대부분의 주가 움직임은 평균회귀의 법칙이 작동하는 경향이 있습니다. 산이 높으면 골이 깊다는 증시 격언이 이를 잘 나타내줍니다. 주가가 많이 오르면 하락하는 폭도 크다는 이야기죠. 그 반대도 마찬가지여서 주가가 많이 하락하면 이내 오르는 경향이 있습니다. 주가가 역사적으로 움직이는 평균적인 궤적이 있고, 현재 주가가 평균에서 얼마나 벗어났는지 여부를 판단하는 방법입니다. 이와 관련된 기술적 지표로 볼린저 밴드(Bollinger Band)가 대표적입니다.

제3장에서 자세히 보겠지만 이야기가 나온 김에 간단하게 볼린저 밴드를 살펴보고 넘어가겠습니다. 볼린저 밴드는 세 개의 선으로 구성되어 있으며 이 중 중앙의 선이 이동평균선입니다. 사용자가 볼린

저 밴드 변수값을 설정할 수 있는데 현재는 (80.2)로 된 것을 볼 수 있습니다. 중앙에 있는 선이 80일 이동평균선, 즉 80일 동안의 평균 주가라는 의미입니다. 이 선을 중심으로 주가는 위로 혹은 아래로 움직이죠. 주가가 평균에서 크게 벗어나면 평균으로 돌아가려는 움직임이 나타나는데, 기술적 분석은 이러한 주가의 속성을 이용해서 좋은 가격에 주식을 살 수 있다고 주장합니다.

이동평균선을 중심으로 〈그림 1-2〉를 보면 A와 B지점은 주가의 평균에서 높은 곳이고, C지점은 낮은 곳입니다. 물론 상대적인 측면에

■ 그림 1-2 | 볼린저 밴드 ■

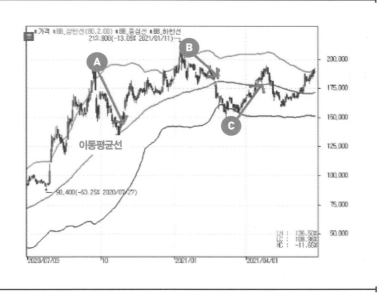

서 그렇다는 얘깁니다. 내재가치에 따라 좋은 기업을 고르는 방법을 절대평가 방식이라고 한다면 볼린저 밴드 방식은 상대평가라고 보면 됩니다. 즉, C지점의 주가가 A지점보다 좋은 가격이라고 판정하는 것이죠.

제3장에서 이 같이 이해가 쉽고 직관적인 기술적 분석을 통해 좋은 가격을 찾아내는 방법을 설명할 예정입니다.

주식투자 성공의 열쇠: 좋은 기업을 좋은 가격에 사는 법

나만의 투자 원칙 정립하기

여러분이 처음 주식투자를 시작했던 때를 생각해봅시다. 계좌를 개설하고 가장 먼저 '어떤 종목을 사야 하지?' 하고 고민했을 겁니다. 친구나 증권사 직원이 추천해주는 종목을 사신 분들도 있겠죠. 해당 기업에 대한 좋은 뉴스를 보고 샀거나 유튜브나 증권 방송을 통해 정보를 얻은 분들도 있을 겁니다.

요즘은 바야흐로 정보의 홍수 시대입니다. 하지만 정보가 많다는 것은 의외로 투자를 방해하는 요인이기도 합니다. 정보를 취사선택할 수 있는 능력이 없다면 정보의 늪에 빠져 허우적거릴 수밖에 없습니다.

친구가 어떤 종목을 추천해준다면 그 종목을 덜컥 사야 하나요? 단도직입적으로 말하겠습니다. 이러한 각종 '추천'을 통해 주식을 사는 행위는 결코 바람직하지 않습니다. 자신의 투자 판단이 개입되지 않기 때문입니다. 어떤 정보를 접했을 때 자신만의 명확한 판단 기준이 있어야 취할 것과 버릴 것을 구분할 수 있습니다.

따라서 투자자로서 여러분이 가장 첫 번째로 해야 할 일은 자신만의 투자 원칙을 확실하게 정립하는 것입니다. 그리고 꾸준히 투자 경험을 쌓아가면서 그 원칙을 조금씩 수정하고 개선시켜 나가야 합니다. 다음과 같은 원칙에 대해 생각해보기 바랍니다.

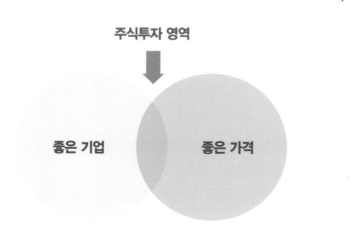

"좋은 기업을 좋은 가격에 산다."

우선 '좋은 기업'이란 어떤 기업을 의미할까요? 그리고 '좋은 가격'에 산다는 것 역시 명확한 기준이 설정되어야 합니다. 독자 여러분들 중에는 나쁜 기업을 좋은 가격에 살 수도 있지 않느냐고 반문할 수도 있을 것 같습니다. 그러나 나중에 살펴보겠지만 주식투자의 가장 기본적인 대원칙은 좋은 기업을 고르는 것과 그 기업의 주식을 좋은 가격에 사는 것입니다. 물론 좋은 가격에 파는 행위도 포함시켜야 하겠죠.

즉, 성공적인 주식투자는 먼저 좋은 기업을 고르고, 그다음 좋은 가격에 왔을 때 그 주식을 사서, 좋은 가격에 파는 행위를 반복해야 하는 것이라고 결론을 낼 수 있습니다. 이제 앞으로 이어질 내용에서 재무제표 보는 법을 통해 좋은 기업을 고르는 법을, 그리고 기술적 분석을 통해 좋은 가격에 주식을 매매하는 법을 차근차근 알아보도록 하겠습니다.

투자와 투기

바우포스트 그룹의 창업주이며 가치투자의 대가인 세스 클라만(Seth Klarman)은 투자(Investing)와 투기(Speculation)에 대해 명쾌하게 정의를 내립니다. 기본적 분석에 입각한 투자자로서 세스 클라만은 주가의 변동성을 추적하기보다 기업의 주식가치가 변화하는 부분에 주목하라고 조언합니다. 기술적 분석은 과거의 차트를 통해 미래를 예측하는 행위인데 미래는 알 수 없는 법이기에 이는 쓸데없는 짓이라고 하면서 말입니다.

클라만은 다음의 세 가지 변화에 주목할 때 투자자가 이익을 얻을 수 있다고 말합니다.

1. 기업의 잉여현금흐름이 증가할 때
2. 시장에서 기업의 PER 배수를 높게 부여하기 시작할 때
3. 기업의 내재가치와 주가 사이에 괴리가 발생했을 때

제2장에서 자세히 설명하겠지만 잉여현금흐름(FCF)은 아무리 강조해도 지나치지 않습니다. 잉여현금흐름은 영업현금흐름에서 설비투자 비용을 차감한 것입니다. 잉여현금흐름이 발생하는 기업은 이를 재원으로 주주들에게 배당금을 줄 수 있고, 새로운 사업에 투자할 수도 있으며, 부채를 갚을 수도 있습니다. 세스 클라만은 이것이 주가 상승의 동인이 된다고 봤는데 이는 매우 중요한 지적입니다. 재무제표 공부의 최종적인 귀결은 잉여현금흐름을 이해하는 것에 있다고 해도 과언이 아니기 때문입니다.

두 번째, PER 배수가 변할 경우에도 주가는 상승합니다. 기업가치가 저평가됐다고 판단하면 투자자들은 PER 배수를 높게 부여하기 시작합니다. 정당한 가치를 부여하는 행위라고 볼 수 있죠. 기업의 가치에 변동이 없더라도 PER 배수를 높여주면 주가가 상승합니다.

주가 = 수익가치(EPS) x PER

그렇다면 PER 배수를 왜 높게 줄까요? 그 기업의 성장성이 높아진다고 하면 이익이 증가할 가능성도 높아지겠죠. 따라서 지금 PER 배수가 높다고 해도 미래에 실적이 좋아지면 결과적으로 PER 배수는 낮아질 것입니다. 한마디로 지금 PER보다 미래에 저평가되리라 예상되는 PER을 감안해 투자를 하는 건데 이런 유형의 투자자를 '성장형 가치투자자'라고 합니다. 가치투자를 과거 실적에만 근거해 생각하면 안 됩니다. 미래 가치에 중점을 두는 투자자도 가치투자자로 분류되어야 합니다.

세 번째, 내재가치와 주가의 괴리는 과거 실적에 근거한 가치투자를 의미합니다. 궁극적으로는 주가가 내재가치에 수렴된다고 보는 것이 가치투자의 기본이라 할 수 있습니다.

이렇게 세스 클라만은 위 세 가지 경우에 입각한 투자자들을 '투기 매매자'들과 구분지어 설명합니다. 정리해보면 잉여현금흐름을 지속적으로 창출하는 기업, 미래에 이익이 많이 나리라 예상되는 기업, 혹은 기업의 내재가치 대비 주가가 저평가된 기업에 투자할 때 성공 가능성이 높다고 볼 수 있습니다.

투자와 투기를 구별하는 일은 매우 중요하기에 세스 클라만의 책 내용 일부를 번역해 실어봅니다. 투기 매매자가 아닌 진정한 투자자가 되기 위해 마음에 새기면 좋을 내용입니다.

"투자와 투기의 차이점을 이해하는 것이야말로 투자에서 성공을 거두는 첫 번째 과정이다.

투자자들에게 주식이란 기업에 대한 부분적인 지분 소유이며, 채권이란 기업에 대한 대출이다. 투자자들은 현재 주가와 기업의 가치를 비교해서 투자를 결정한다. 투자자들은 새로 발생하는 위험보다 더 매력적인 대가가 예상될 때 주식을 매입하며 예상 수익이 위험을 감수할 정당한 이유가 없을 때 매도한다. 장기적으로 투자자들은 주가가 해당 기업의 기본가치가 증가하는 것을 반영한다고 믿는다.

투자자들은 세 가지 방법 중 적어도 한 가지 방법으로 투자 이익을 취할 수 있다. 첫째는 잉여현금흐름이다. 잉여현금흐름은 배당금으로 주주들에게 환원되기도 하고 주가를 상승시키는 요인이 된다. 또 하나는 투자자들이 사업가치에 대해 더 높은 PER 배수를 부여하는 경우다. 마지막으로 기업의 가치가 주가보다 저평가되어 있을 때 주가는 기업가치를 반영하여 상승한다.

그러나 투기 매매자들은 주가가 오르거나 내릴 것이라 판단할 때 거래를 한다. 이들은 기업의 가치를 기준으로 매매하지 않고 시장 참여자들의 행동이 어떻게 나타날지를 근거로 매매를 한다. 투기 매매자는 주식이 기업의 가치를 반영한다는 사실을 무시하거나 아예 관심을 갖지 않는다. 그들에게 주식은 그저 매매할 수 있는 종이 쪼가리 정도인 듯하다. 이들은 주가가 오를 것 같으면 사고, 내릴 것 같으면 팔아 치운다. 내일 세상이 망한다고 해도 그저 오늘 시세에 근거해서 매매할 뿐이다.

그런 이유로 투기 매매자들은 주가를 예측하는 데 혈안이 되어 있다. 아침에는 증권 방송을 시청하고, 점심에는 주식시장 리포트를 보고, 주말에는 주식 잡지를 구독한다. 사업하는 사람들끼리 모이면 시장이 어디로 향할지에 대해 온갖 추측을 해댄다. 또 기술적 분석을 통해 시장의 방향성을 예측하려고 시도한다.

기술적 분석은 과거 주가가 변동한 궤적을 근거로 해서 미래를 예측하는 방식이다. 이들 기술적 분석에 기반한 투자자들은 미래의 주가를 결정짓는 열쇠가 기업의 사업가치에 있다고 보지 않고, 과거의 주가 움직임을 연구해서 미래를 추정할 수 있다고 생각한다. 그러나 미래에 시장이 어떻게 될지는 아무도 모른다. 예측은 시간 낭비일 뿐이며, 예측에 의한 투자는 투기적인 매매일 뿐이다.

시장 참여자들은 누가 기본적 분석에 입각한 투자자인지, 아니면 투기 매매자인지 명찰을 달고 다니지 않기 때문에 두 부류의 행동을 심도 있게 연구하지 않으면 이들의 차이점을 알아내기가 쉽지 않다. 투자자 혹은 투기 매매자, 아니면 두 가지 모두에 해당하는 사람일 수 있기 때문이다.

많은 투자 전문가들이 실제로는 투기 매매자처럼 행동한다. 이들은 시장의 변동성을 예측해서 단기적인 거래를 통한 이익 추구를 목표로 삼는다. 기업의 기본적 가치에 근거해서 장기적인 투자 이익을 얻는 데 관심이 없는 것이다. 앞으로 우리가 살펴보게 되겠지만 투자자들은 장기적인 투자를 통해 성공으로 가는 기회를 얻는 반면, 투기 매매자들은 시간이 흐를수록 돈을 잃을 확률이 더 높아진다."

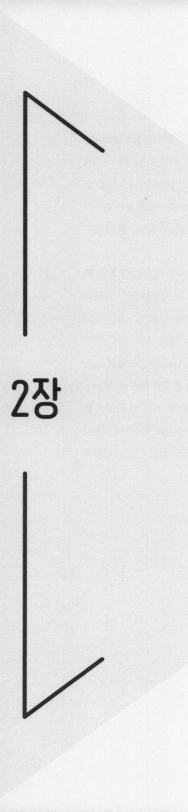

2장

좋은 기업을 알아보는 법:
재무제표로 기업의 본질 파악하기

좋은 기업을 고르는
핵심 지표

재무제표, 꼭 봐야 하나요?

앞에서 투자의 대원칙으로 '좋은 기업을 좋은 가격에 사라'는 이야기를 했습니다. 그렇다면 이를 실천하기 위해 어떤 준비를 해야 할까요?

우선 좋은 기업을 보는 눈이 있어야 합니다. 그리고 그 기업이 좋은 가격에 나왔을 때 매수해야 합니다. 이는 시점 선택 혹은 밸류에이션과 관련이 있습니다. 시점 선택은 주가의 역사적 흐름에서 현재 위치를 보는 것이고, 밸류에이션은 기업에 대한 가치평가를 뜻합니다. 이번 장에서는 우선적으로 좋은 기업을 알아보는 법에 대해 이야기해볼까 합니다.

과연 어떤 기업을 '좋은 기업'이라 할 수 있을까요? 일단 부채가 없고 재무상태가 우량한 기업이 좋은 기업이겠죠. 이익을 많이 내는 기업도 좋은 기업이라 할 수 있습니다. 워런 버핏은 자기자본이익률이 높고 경제적 해자가 있는 기업이 좋은 기업이라고 말했습니다. 주주들에게 배당을 많이 주는 기업, 시장점유율이 높은 기업, 현금흐름이 양호한 기업들도 좋은 기업의 범주에 들어간다고 볼 수 있습니다.

이처럼 좋은 기업에 대한 기준이 한두 개가 아니다 보니 조금 혼란스럽기도 합니다. 그렇다면 명확한 기준을 정해야겠지요. 가장 보편적인 방법은 기업이 주기적으로 공시하는 사업 내용인 재무제표를 통해서 좋은 기업을 찾아내는 것입니다. 그런데 재무제표나 회계에 대한 기본적인 소양이 없다면 이러한 접근 방식이 좀 어려울 수 있습니다. 그런 이유로 많은 투자자들이 좋은 기업 찾기를 포기하고 곧바로 시점 선택을 중심으로 하는 차트 분석으로만 투자에 접근하곤 합니다.

투자자들이 차트만 바라보는 이유

여러분은 삼성전자 차트를 보면 어떤 생각이 드나요? 우리가 차트를 볼 때 그 차트는 과거의 자료여서 어느 시점에서 사고 팔았어야 했는지를 금세 알 수 있습니다. 사실 차트를 통한 사후적인 판단은 쉽습니다. 그러나 차트는 미래의 주가가 오를지 내릴지는 알려주지 않죠.

미래를 알려주지도 않는데 투자자들은 왜 차트를 보는 걸까요? 어떻게 어제까지의 차트를 보고 오늘의 투자 판단을 내릴 근거를 찾을 수 있을까요?

차트가 투자자들에게 어필하는 부분은 '직관성'에 있습니다. 삼성전자에 대해 전혀 모르더라도 차트를 보면서 누구나 한마디쯤은 할 수 있습니다.

"삼성전자는 역시 좋은 기업이야, 주가도 강하군!"

■ 그림 2-1 | 삼성전자 차트 ■

"지금은 너무 아찔하게 올랐으니 매수 시점은 아닌 것 같아."

"4만 원 지지선을 확인하고 난 뒤에 거래량이 증가했고, 이후에 전 고점을 돌파할 때가 매수 기회였어."

이런 사후적인 분석은 기업의 가치를 모르더라도 누구나 할 수 있는 일입니다. 중요한 것은 차트를 통해 투자 판단의 근거를 찾을 수 있느냐는 것이죠.

기술적 분석은 차트를 대상으로 합니다. 차트가 건네는 말을 해석하는 것과 같다고 보면 됩니다. 〈그림 2-1〉의 삼성전자 차트를 보면 그동안 하락과 상승해온 흐름이 한눈에 보입니다. 물론 차트는 주가가 왜 하락했고 상승했는지 말해주지 않지만 기술적 분석가들은 차트를 통해 '패턴'을 보라고 합니다.

과거에 특정한 패턴이 나왔다면 주가는 이후에 일정한 흐름을 반복할 확률이 높기 때문에 이를 근거로 판단해야 한다는 이야기입니다. 예를 들면 주가가 하락하다가 쌍바닥 패턴이 나타나면 이후에 주가가 상승할 확률이 높다는 식입니다. 기술적 분석의 근거와 유용성이 주가의 패턴 분석에 있다는 것인데, 이 부분에 대해서는 제3장에서 구체적으로 살펴보겠습니다.

초보 투자자들 중에는 기술적 분석이 상대적으로 더 쉽다고 말하는 사람들이 많습니다. 상대적이겠지만 기본적 분석은 기업의 재무제표를 살펴봐야 하니 더 어렵다고 느끼는 것일 테지요. 하지만 기술적 분석도 생각보다 쉽지 않으며 반대로 기본적 분석도 개념만 이해

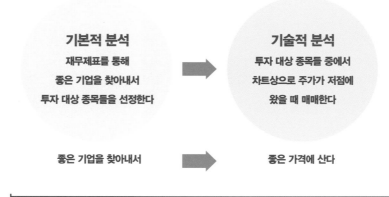

기본적 분석
재무제표를 통해
좋은 기업을 찾아내서
투자 대상 종목들을 선정한다

기술적 분석
투자 대상 종목들 중에서
차트상으로 주가가 저점에
왔을 때 매매한다

좋은 기업을 찾아내서

좋은 가격에 산다

하면 생각보다 어렵지 않습니다.

기술적 분석을 잘하기 위해서는 많은 공부가 필요합니다. 좋은 가격에 주식을 사는 행위인 시점 선택 문제가 그렇게 호락호락하지는 않습니다. 또한 기술적 분석을 중심으로 투자 판단을 하더라도 좋은 기업을 고르는 것이 먼저입니다. 우량주로 투자 대상 종목을 구성하기 위해서는 기본적 분석에 대한 어느 정도의 지식이 필요한 셈이죠. 기본적 분석을 통해 좋은 기업을 선별하고, 그 위에 기술적 분석을 적용할 수 있다면 금상첨화입니다.

재무제표의 여러 가지 항목을 모두 이해하면 당연히 좋겠지만 본업으로 바쁜 직장인들에게는 그럴 만한 여유가 별로 없습니다. 그래서 당장 회계 지식이 없어도 좋은 기업을 고르는 데 가장 중요한 세 가지 핵심 지표를 알려드리려 합니다. 재무제표에 나오는 이 세 가지 지표만 확실히 이해하면 여러분도 얼마든지 좋은 기업을 고를 수 있습니다. 추후에 투자하다가 관심이 조금 더 생기면 그때 조금 더 깊이 있는 공부를 하시길 권해드립니다.

재무제표에서
가장 중요한 것 세 가지

재무제표에는 무슨 내용이 담겨 있나?

기업은 사업을 하면서 각종 이해관계자들과 얽힙니다. 주주들에게 자본을 출자받기도 하고 은행으로부터 돈을 빌리기도 합니다. 정부에는 세금을 낼 의무가 있습니다. 이렇게 많은 이해관계자들과 얽혀 있다 보니 기업은 이들에게 기업 상태에 대한 정보를 제공해야 합니다. 그런 이유로 주기적으로 재무제표를 만들고 공개합니다.

재무제표는 재무상태표, 손익계산서, 현금흐름표, 자본변동표, 주석 등으로 구성되어 있습니다. 여기서 앞의 세 개가 가장 중요합니다. 재무제표를 세세하게 알면 좋겠지만 회계 지식이 없다고 해서 너무 걱정할 필요는 없습니다. 각각의 항목이 무엇을 의미하고, 어떤 부분이 중요한지를 확인하기만 하면 되니까요. 그럼 재무제표를 구성하는 주요 세 가지 항목과 핵심 지표에 대해 간단히 살펴보겠습니다.

■ 표 2-1 | 재무제표의 구성 내용 및 핵심 지표 ■

	내용	핵심 지표	지표로 알 수 있는 것
재무상태표	자산, 부채, 자기자본이 어떻게 구성되었나?	자기자본이익률 (ROE)	주주 입장에서 투자 수익률은 얼마인가?
손익계산서	수익, 비용, 이익이 어떻게 만들어지는가?	영업이익률 (OPM)	기업이 경제적 해자를 갖고 있는가?
현금흐름표	기업의 세 가지 활동(영업활동, 투자활동, 재무활동)에서 현금이 어떻게 오가는가?	잉여현금흐름 (FCF)	기업의 자금 사정이 좋은가?

재무상태표: 들어온 돈은 얼마이고 나간 돈은 얼마인가?

재무상태표는 기업이 자금을 어떻게 조달했고, 어디에 사용했는지를 이야기해줍니다. 즉, 자금의 조달과 운영을 일목요연하게 제시한 표가 바로 재무상태표입니다.

대부분의 투자자들이 일반적으로 보는 재무상태표는 자산, 부채, 자본이 세로로 배열된 A타입입니다. 그런데 우리가 이해를 쉽게 하기 위해서는 B타입으로 배치된 것이 좋습니다. 예전에는 대변과 차변을 대조해본다고 해서 '대차대조표'라 불렀는데 현재는 이를 재무상태표라고 합니다.

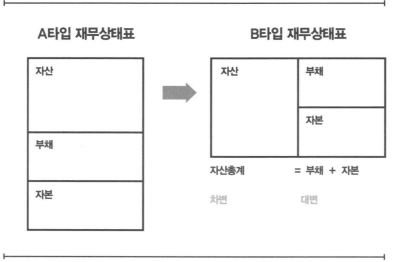

■ 그림 2-2 | 두 가지 종류의 재무상태표 ■

A타입 재무상태표

자산
부채
자본

B타입 재무상태표

자산	부채
	자본

자산총계 = 부채 + 자본

차변 대변

'대변과 차변이 같다'는 이 원리가 재무상태표를 이해하는 데 필요한 지식의 전부라 해도 과언이 아닙니다. 자금을 조달해서 이를 운용한 내역을 상세하게 기록한 것, 그리고 들어온 돈과 나간 돈을 분명하게 기록한 것이 재무상태표입니다.

'자금조달과 운영 내역을 정리한 표'라는 개념과 '대변과 차변을 같게'라는 원칙만 알면 이해가 훨씬 쉽습니다. 예를 들어 기업이 은행에서 돈을 빌렸다면 부채 항목으로 기록합니다. 유상증자를 통해 주주들로부터 출자받았다면 이는 자본 항목에 기록합니다. 이렇게 조달한 자금으로 기계장치를 샀으면 자산(유형자산 항목)에 기록합니다.

이처럼 기업이 자금을 조달하고, 이를 운용한 내역을 원칙에 맞게 기록한 장부가 재무상태표입니다. 회계용어가 약간 전문적이라서 어렵게 느껴질 뿐이지 전혀 어려울 것이 없습니다.

투자자들은 굳이 전문 용어까지 세세하게 알 필요가 없습니다. 기업의 현재 재무상태가 어떤지에 대한 정보만 파악하면 되죠. 재무상태표를 보면 한 해 동안 기업이 자금을 얼마나 조달했는지, 자금조달 방식은 부채인지 자본인지 알 수 있습니다. 그리고 이렇게 조달된 자금을 어떻게 사용했는지에 대한 정보가 나옵니다. 재무상태표를 통해 이런 정보를 확인할 수 있다는 것만 이해하면 됩니다.

손익계산서: 기업이 사업을 통해 얼마의 이익을 냈는가?

주주들은 기업이 얼마나 이익을 내서 주주들의 이익을 증가시켜줬는지 궁금해합니다. 배당금도 받아야 합니다. 은행 등 채권자들은 이자를 받아야 하고, 정부는 세금을 징수해야 합니다. 이처럼 기업과 이해관계가 있는 주체들은 기업이 일정 기간 얼마나 이익을 냈는지, 얼마나 손해가 났는지를 알고 싶어합니다. 물론 기업 입장에서도 당연히 자신들의 손익 규모를 알아야 하겠죠. 이를 살펴보기 위해 기업이 일정 기간 동안 얼마나 손실 혹은 이익이 발생했는지를 기록한 장부가 바로 손익계산서입니다.

손익계산서 구성 원리는 다음과 같습니다.

수익 − 비용 = 이익

신발 가게를 예로 생각해봅시다. 도매처에서 신발을 1만 원에 사와 1만 2,000원에 팔았습니다. 이때 손익계산서는 다음과 같습니다.

수익 : 12,000원

비용 : 10,000원

이익 : 2,000원

이것이 손익계산서 원리의 전부입니다. 단지 용어상으로 상품이나 제품을 팔았을 때 '매출액'이라고 구체적으로 기록할 뿐이죠. 그런데 수익에 매출만 있지는 않습니다. 기업이 자금이 남아서 금융상품에 투자할 수도 있겠죠. 그럼 이자를 받게 됩니다. 즉, 금융수익이 발생합니다. 한편으로 기업은 은행에서 돈을 빌리기도 합니다. 이때는 반대로 이자를 지불해야 합니다. 금융비용이 발생하는 것이죠.

다음의 〈표 2-2〉를 보시면 수익은 매출액, 금융수익, 기타수익 세 가지 항목의 구성되어 있습니다. 비용은 다섯 가지 항목으로 이루어져 있네요. 수익에서 비용을 차감하면 당기순이익이 나옵니다.

손익계산서를 보면 기업이 일정 기간 얼마나 이익을 냈는지 알 수 있습니다. 참고로 '수익'과 '이익'을 혼동하면 안 됩니다. 수익이 많다고 좋은 것이 아니라 비용을 차감해서 이익이 많아야 좋습니다. 그리고 손익계산서에서 가장 중요한 항목은 영업이익입니다. 기업의 본질적인 경쟁력과 경제적 해자를 나타내기 때문입니다.

매출액	10,000	수익	
매출원가	6,000	(비용)	
판매관리비	2,000	(비용)	
			영업이익 (매출액 − 매출원가 − 판매관리비)
금융수익	500	수익	
금융비용	300	(비용)	
기타수익	200	수익	
기타비용	100	(비용)	
법인세	500	(비용)	
당기순이익	1,800	이익	

현금흐름표: 기업의 자금 상태는 어떠한가?

기업은 무엇을 가장 두려워할까요? 바로 부도입니다. 기업이 부도를 맞으면 기업 생명이 끝납니다. 부도는 자금 사정이 나빠졌을 때 발생하죠. 따라서 기업은 항상 현금이 얼마나 있는지, 어디에서 현금이 들어오고 나가는지를 파악할 필요가 있습니다.

현금흐름표는 현금의 유출과 유입을 세 가지 사업 활동으로 구분해서 기록합니다.

■ 표 2-3 | 기업 활동의 세 가지 측면 ■

영업활동	원재료를 구입하고 종업원을 고용하며 제품을 생산해서 판매하는 활동
투자활동	설비투자, 금융상품 투자 등
재무활동	은행에서 차입 및 상환, 회사채 발행 및 상환, 배당금 지급, 유상증자 등

현금흐름표를 보면 각각의 기업 활동에서 현금이 얼마나 유입되고 유출되었는지 알 수 있습니다. 원재료를 구입하는 데 얼마의 현금을 썼는지, 설비투자에 돈이 얼마나 나갔는지, 배당금으로 어느 정도 규모의 현금이 빠져나갔는지 등등을 현금흐름표를 통해 알 수 있는 것이죠. 예를 들어 삼성전자의 현금흐름표를 약식으로 살펴보겠습니다.

■ 표 2-4 | 삼성전자의 현금흐름표 ■

주요재무정보	연간			
	2018/12 (IFRS연결)	2019/12 (IFRS연결)	2020/12 (IFRS연결)	2021/12(E) (IFRS연결)
영업활동현금흐름	670,319	453,829	652,870	645,177
투자활동현금흐름	−522,405	−399,482	−536,286	−465,216
재무활동현금흐름	−150,902	−94,845	−83,278	−165,239
CAPEX	295,564	253,678	375,920	422,230
FCF	374,755	200,152	276,950	294,318

삼성전자는 2020년에 영업활동을 통해 65조 2,870억 원의 현금이 기업 내부로 유입되었습니다. 그리고 투자활동에 53조 6,286억 원을 썼습니다. 이중에 설비투자(CAPEX)에 37조 5,920억 원을 지출했습니다. 재무활동에서는 8조 3,278억 원이 나갔습니다. 여기서는 배당금이 큰 비중을 차지합니다. 이렇게 현금흐름표를 통해 기업의 현금이 어디서 들어오고 어디에 사용됐는지 알 수 있습니다.

지금까지 기업의 주요한 재무제표 구조를 간단히 살펴봤습니다. 구조의 흐름 자체는 어렵지 않지만 용어가 낯설어 좀 어렵게 느껴지실 겁니다. 하지만 회계 용어는 업계에서 정한 일종의 약속 체계일 뿐 그렇게 어려운 개념이 아닙니다. 그리고 투자자들에게 무엇보다 중요한 것은 회계 용어의 세세한 의미가 아니죠. 그보다는 큰 흐름과 몇 가지 주요 항목을 통해 기업의 현재 상황을 이해하는 일입니다.

재무상태표와
자기자본이익률의 중요성

재무상태표의 기본적인 구성 원리

재무제표의 대략적인 구조를 살폈다면 이제 재무제표에서 중요한 세 개의 지표를 알아볼 시간이 왔습니다. 자기자본이익률(ROE), 영업이익률, 잉여현금흐름이 바로 그것입니다. 이제부터 이 각각의 지표가 의미하는 바와 해석 방법 등에 대해 알아볼 것입니다. 재무제표에서 이 세 개 지표만 알아도 기업의 실태를 파악해 투자에 활용하는 데는 충분하기 때문이죠. 나머지 회계 항목들에 대한 공부는 관심이 생길 때 천천히 해도 됩니다.

먼저 삼성전자 재무상태표(《표 2-5》)를 보겠습니다. 모든 상장 기업

■ 표 2-5 | 삼성전자 약식 재무제표 ■

(출처: 네이버 금융)

주요재무 정보	2016/12 (IFRS연결)	2017/12 (IFRS연결)	2018/12 (IFRS연결)	2019/12 (IFRS연결)	2020/12 (IFRS연결)	2021/12(E) (IFRS연결)	2022/12(E) (IFRS연결)	2023/12(E) (IFRS연결)
매출액	2,018,667	2,395,754	2,437,714	2,304,009	2,368,070	2,752,626	3,040,991	3,232,953
영업이익	292,407	536,450	588,867	277,685	359,939	531,624	633,124	668,853
영업이익 (발표기준)	292,407	536,450	588,867	277,685	359,939			
세전계속 사업이익	307,137	561,960	611,600	304,322	363,451	544,872	650,351	696,258
당기순이익	227,261	421,867	443,449	217,389	264,078	401,887	480,271	514,226
당기순이익 (지배)	224,157	413,446	438,909	215,051	260,908	397,175	474,426	508,119
당기순이익 (비지배)	3,104	8,422	4,540	2,338	3,170			
자산총계	2,621,743	3,017,521	3,393,572	3,525,645	3,782,357	4,091,377	4,490,447	4,913,400
부채총계	692,113	872,607	916,041	896,841	1,022,877	1,123,360	1,177,961	1,216,421
자본총계	1,929,630	2,144,914	2,477,532	2,628,804	2,759,480	2,968,017	3,312,486	3,696,979
자본총계 (지배)	1,864,243	2,072,134	2,400,690	2,549,155	2,676,703	2,873,858	3,203,644	3,569,384
자본총계 (비지배)	65,387	72,780	76,842	79,649	82,777			
자본금	8,975	8,975	8,975	8,975	8,975	8,979	8,979	8,978
영업활동 현금흐름	473,856	621,620	670,319	453,829	652,870	645,145	786,223	876,120
투자활동 현금흐름	−296,587	−493,852	−522,405	−399,482	−536,286	−465,286	−473,275	−444,537
재무활동 현금흐름	−86,695	−125,609	−150,902	−94,845	−83,278	−165,239	−115,000	−127,633
CAPEX	241,430	427,922	295,564	253,678	375,920	422,230	419,303	408,868
FCF	232,427	193,698	374,755	200,152	276,950	294,230	374,771	504,620
이자발생 부채	152,824	188,140	146,671	184,120	202,174			
영업이익률	14.49	22.39	24.16	12.05	15.20	19.31	20.82	20.69
순이익률	11.26	17.61	18.19	9.44	11.15	14.60	15.79	15.91
ROE(%)	12.48	21.01	19.63	8.69	9.98	14.31	15.61	15.00

은 3개월마다 재무제표를 공시해야 합니다. 또한 1년 단위로 연간 재무제표 공시도 합니다. 사업보고서에 재무제표가 나오게 되는데 계정 과목들이 복잡한 것 같지만 구성 원리를 이해하면 어렵지 않습니다. 쉬운 이해를 위해 큰 항목만으로 새롭게 만들어보겠습니다.

■ 표 2-6 | 삼성전자 2020년 재무상태표 요약 ■

(단위: 10억 원)

자산		부채	
유동자산	198,215	유동부채	75,604
비유동자산	180,020	비유동부채	26,683
		부채총계	102,287
		자본	
		자본총계	275,948
자산총계	378,235	부채와 자본총계	378,235

우선 재무상태표의 얼개에 대해 간단히 살펴보겠습니다. 우리는 종종 '내 재산은~'이란 말을 하죠. 개인의 재산은 무엇으로 구성되어 있을까요? 아파트, 냉장고, 에어컨, 자동차, 현금, 예금, 주식, 채권 등을 떠올릴 수 있습니다. 기업도 마찬가지입니다. 다만 회계 용어를 사용해서 재산이 아니라 '자산'이라고 표현할 뿐입니다. 삼성전자 재무상태표에서 자산 항목을 보면 어떤 것들이 자산을 구성하는지 알 수

있습니다. 여기서 유동자산과 비유동자산은 현금화를 얼마나 빨리할 수 있는지에 따라 구분해놓은 것입니다.

- 유동자산: 1년 이내에 현금으로 바꿀 수 있는 자산
- 비유동자산: 현금으로 바꾸는 데 1년 이상 걸리는 자산

유동자산에 속하는 주요 항목을 보면 단기금융상품, 매출채권, 재고자산 등이 있습니다. 삼성전자가 자금이 부족할 때 빨리 현금으로 바꿀 수 있는 자산 목록입니다. 재고자산도 가격을 내려서 팔면 현금화가 가능합니다. 매출채권은 제품을 외상으로 팔고 받은 채권입니다. 할인해서 팔면 현금화할 수 있습니다. 이처럼 현금화가 쉬운 자산을 '유동성이 높다'고 표현합니다.

반면, 비유동자산으로 대표적인 것은 유형자산, 즉 형태가 있는 자산입니다. 토지, 기계장치, 건물 등이 여기에 속합니다. 이런 자산은 매각하는 데 시간이 좀 걸리고 아무래도 유동성이 떨어지죠. 그래서 비유동자산이라고 합니다.

다시 정리하면 삼성전자의 자산 총액은 약 378조 원이고, 이 중에서 현금으로 빨리 바꿀 수 있는 유동자산이 198조 원입니다. 그리고 기계장치, 건물 등 현금화에 시간이 걸리는 자산인 비유동자산이 180조 원 있습니다.

그렇다면 왜 이처럼 유동성을 기준으로 자산을 분류해놓는 걸까요? 앞에서 말씀드렸듯 기업들이 가장 우려하는 것은 부도이기 때문

입니다. 현금이 부족하면 부도가 납니다. 이때는 회사가 보유한 자산을 뭐든지 팔아서 현금을 만들어야 하죠. 팔기 쉬운 자산부터 팔아서 현금 부족을 메워야 부도를 맞지 않습니다. 이런 염려가 은연중에 재무상태표 작성에 반영되어 있다고 보면 됩니다.

자산총계 = 부채총계 + 자본총계

자산		부채	
		부채총계	102,287
		자본	
		자본총계	275,948
자산총계	378,235	부채와 자본총계	378,235

자산총계가 있는 왼쪽, 그리고 부채와 자본총계가 있는 오른쪽이 일치하는 게 보이시나요? 회계 원리에서 가장 중요한 내용입니다. 앞서 예전엔 대변과 차변을 대조해본다고 해서 재무상태표를 대차대조표라고 불렀다고 했죠? 이렇듯 좌우가 일치되는 원리만 알면 재무상태표 공부는 끝납니다.

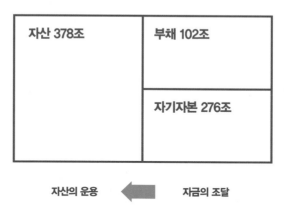

| 자산 378조 | 부채 102조 |
| | 자기자본 276조 |

자산의 운용 ← 자금의 조달

자산은 삼성전자가 보유한 가치가 있는 자산 목록임을 알았습니다. 그런데 삼성전자는 어떻게 이러한 자산을 구성할 수 있었을까요? 개인들이 재산을 구성하는 것과 비슷합니다. 삼성전자는 주주들이 출자하거나 기업이 잉여금으로 유보한 자금인 자본총계와 외부에서 빌린 돈인 부채를 통해 자금을 조달합니다.

2020년을 기준으로 보면 부채를 통해 102조 원을 조달했고, 자기자본을 통해 276조 원을 조달했군요. 이렇게 조달한 자금을 각종 자산에 운용해서 사업을 합니다.

여기까지 해서 재무상태표의 기본 구조를 정리해봅시다. 삼성전자는 부채와 자기자본을 통해 자금을 조달합니다. 이 자금으로 사업을 위해 각종 자산을 사거나 투자를 하죠. 그 결과를 보여주는 것이 자산 총계입니다.

'자기자본'이 의미하는 것

그럼 이제부터 자금조달에 대해 구체적으로 알아봅시다. 먼저 부채 102조 원 부분을 살펴볼까요? 부채를 통한 자금조달은 은행 등 금융권에서 빌리거나 회사채를 발행하는 것이 가장 보편적입니다. 그리고 원재료를 사고 아직 대금을 지급하지 않은 매입채무, 법인세를 내지 않은 것도 부채죠.

그런데 사실 부채보다 중요한 것이 자기자본입니다. 여기서 '자기'

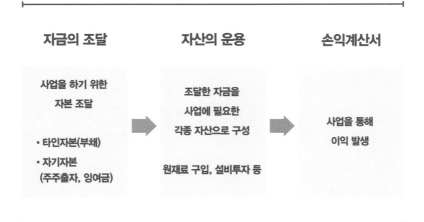

라는 말은 본인을 지칭합니다. 삼성전자의 주인은 주주들이기 때문에 주주들의 자본을 뜻하죠. 부채는 '타인자본'이라고도 표현합니다. 즉, 자본은 자기자본 + 타인자본으로 이루어집니다. 자기자본은 주주들이 출자한 것이기 때문에 부채처럼 상환 의무가 없습니다.

그럼 자기자본이 어떻게 구성되는지 봅시다. 삼성전자가 설립될 때 주주들이 출자를 합니다. 이를 자본금이라고 하죠. 그런데 자본금만으로는 부족하니 부채를 통해 자금을 일부 조달하기도 합니다. 이처럼 기업은 두 가지 방식으로 자본을 조달해서 사업을 하게 됩니다. 사업을 하면서 기업은 이익을 내지요. 그럼 그 이익을 어떻게 사용할까요? 가장 먼저 부채를 갚거나 이자를 지급해야 합니다. 그다음에 배당금을 지급하기도 합니다. 그리고도 이익이 나면 사내에 유보합니다. 이것을 이익잉여금이라고 합니다. 이 모든 과정을 숫자로 한번 이해해보겠습니다.

(1) 회사의 설립: 자본금 100억 원, 부채 100억 원으로 자금을 조달

자산 200억	부채 100억
	자본금 100억

(2) 설립 1년 후 순이익이 50억 원 발생. 배당금으로 20억 원을 지급한 경우

자산 230억	부채 100억
	자본금 100억 이익잉여금 30억

1년간 순이익을 50억 원 냈다면 이는 기업의 자산이 50억 원 늘어난 것이라 할 수 있겠죠. 이제 주주들에게 배당금을 20억 원 지급합니다. 기업 입장에서는 현금자산이 20억 원 줄어들게 되죠. 따라서 결산후 자산은 30억 원이 증가한 230억 원입니다.

위 표 오른쪽의 자기자본 변화를 볼까요? 기업이 1년간 사업을 하고 난 뒤에 결산회계를 합니다. 이때 자기자본이 변동합니다. 당기순이익은 회사가 1년간 사업을 통해 벌어들인 이익입니다. 순이익은 부채에 대한 이자를 갚고, 정부에 세금을 내고 난 뒤에 최종적으로 주주들에게 귀속되는 이익입니다. 1년간 순이익을 50억 원 냈고, 이 중에 20억 원을 주주들이 배당으로 가져갔습니다. 나머지 30억 원은 주주들이 가져가지 않고 기업에 유보해둔 것입니다(이익잉여금). 사업을 확장할 때 자금이 필요할 수도 있기 때문에 이익의 일부를 유보해놓는 것으로 이해하면 됩니다.

뒤에서 손익계산서에 대해 자세히 배우겠지만 재무상태표와 손익계산서의 연결고리에 대해 간단히 이해하고 넘어가도록 합시다.

■ 표 2-7 | 삼성전자 손익계산서 ■

(단위: 100만 원)

	제 52 기	제 51 기	제 50 기	
수익(매출액)	236,806,988	230,400,881	243,771,415	
매출원가	144,488,296	147,239,549	132,394,411	
매출총이익	92,318,692	83,161,332	11,377,004	
판매비와관리비	56,324,816	55,392,823	52,490,335	
영업이익	35,993,876	27,768,509	58,886,669	
기타수익	1,384,068	1,778,666	1,485,037	
기타비용	2,488,902	1,414,707	1,142,018	
지분법이익	506,530	412,960	539,845	
금융수익	12,267,600	10,161,632	9,999,321	
금융비용	11,318,055	8,274,871	8,608,896	← 채권자 몫
법인세비용차감전 순이익	36,345,117	30,432,189	61,159,958	
법인세비용	9,937,285	8,693,324	16,815,101	← 정부 몫
계속영업이익(손실)	26,407,832	21,738,865	44,344,857	
당기순이익	26,407,832	21,738,865	44,344,857	← 주주들 몫

　손익계산서를 통해 삼성전자가 1년간 사업을 해서 얼마를 벌었는지 알 수 있습니다. 1년 결산을 하면 부채에 대한 이자를 우선적으로 지불합니다. 회사가 이익이 나든 손실이 나든 상관없이 이자는 갚아야 하니까요. 그다음으로 정부에 세금을 납부합니다. 이렇게 한 후에

최종적으로 남는 순이익이 온전한 주주들의 몫입니다.

삼성전자의 52기 순이익은 26.4조 원이네요. 바로 주주들의 몫입니다. 이걸 어떻게 배분할까요? 잘 아시다시피 배당을 실시합니다. 순이익은 전액 주주들 몫이기 때문에 전부를 배당할 수도 있습니다. 그러나 그렇게 하는 기업은 매우 드물죠. 일부를 배당하고 남는 순이익은 자기자본의 이익잉여금 항목으로 기재해놓습니다. 만일 삼성전자가 2조 원을 배당하면 이익잉여금은 순이익 26.4조 원에서 2조 원을 뺀 24.4조 원이 됩니다. 주주들이 배당으로 가져가지 않고 남은 순이익을 누적해놓은 것이기에 이익잉여금 역시 주주들 몫입니다.

(3) 유상증자를 통해 자금을 20억 원 조달할 경우

20억 원 유상증자를 실시할 경우 재무상태표 변화

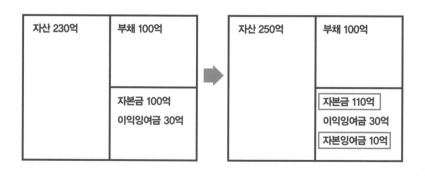

액면가가 500원이고 유상증자 가격이 1,000원이라면 유상증자 20억 원은 자본금 10억 원 증가, 자본잉여금 10억 원 증가로 회계 처리를 합니다.

이 부분을 자세히 설명해보죠. 주주배정 유상증자를 하게 되면 주주들이 출자를 합니다. 이때 액면으로 유상증자를 하면 자본금이 증가합니다. 그런데 요즘은 시가증자가 더 일반적입니다. 시장에서 형성되는 주가를 기준으로 유상증자 가격이 결정되는 거죠.

액면가 500원인 기업이 1,000원에 유상증자 20억 원을 할 경우 액면가 대비 2배의 자금이 들어옵니다. 이때 액면가에 발행 주식 수를 곱한 것만큼 자본금이 증가합니다. 나머지는 자본잉여금이 됩니다.

결론적으로 자기자본 항목의 성격은 주주들이 출자한 자금이거나 주주들이 이익을 찾아가지 않고 유보한 것임을 알 수 있습니다. 만일 회사가 사업을 정리하고 청산하면 주주들은 자기자본을 소유 주식 비율대로 갖게 됩니다. 한마디로 정리하면 '자기자본은 주주들 몫이다!'라는 것이죠. 이것이 재무상태표에서 가장 중요한 내용입니다.

자기자본이익률이 중요한 이유

우리가 은행에 예금을 하면 이자를 받습니다. 1억 원을 1년간 예금하면 2%의 이자를 준다고 했을 때 이 2%가 바로 우리가 얻는 이자소득입니다. 그러면 주식을 사면 어떤 소득이 발생할까요?

이렇게 생각해봅시다. 투자자들이 주식을 사는 행위는 기업에 돈을 빌려주는 것과 같습니다. 그렇게 주주들이 투자한 자금의 총액이 자기자본입니다. 기업은 투자자들의 출자금으로 사업을 해서 이익을 내죠. 당연히 주주들은 회사가 이익을 얼마나 많이 내서 자신들의 돈을 불려줄지에 관심을 갖습니다.

자기자본이익률(ROE) = 순이익 / 자기자본

자기자본이익률(ROE)은 한마디로 주주 입장에서 바라본 투자 수익률입니다. 재무제표에서 가장 중요한 지표라고 할 수 있지요. 영업이익률도 결국은 ROE를 높이기 위한 수단으로 봐야 합니다.

(4) 순이익을 30억 원 냈을 때 ROE는?

주주들이 주식을 사는 행위는 기업의 지분을 사는 것입니다. 따라서 기업이 순이익을 냄으로써 자기자본이 증가하면 주주들의 지분가치 역시 증가하죠. 이를 은행에 예금했을 때 얻을 수 있는 수익률과 비교해봅시다.

은행 예금자들은 사전에 정해진 이자만큼만 이익을 얻을 수 있습

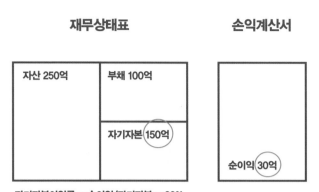

재무상태표

| 자산 250억 | 부채 100억 |
| | 자기자본 150억 |

손익계산서

순이익 30억

자기자본이익률 = 순이익/자기자본 = 20%

니다. 반면, 기업의 지분에 투자한 사람들은 자기자본 증가 금액에 자신의 지분율 몫만큼 이익이 증가합니다.

이런 이유로 워런 버핏은 기업이 매년 ROE를 18% 이상만 내준다면 주식을 팔 이유가 없다고 했습니다. 그만큼 ROE를 투자 척도로 중시하는 거죠. 기업이 이익을 지속적으로 내면 자기자본도 증가합니다. 즉, 주주들 몫도 증가하는 것이죠. 이때 주가가 지분가치 증가를 반영해서 높게 상승하리라 예상하고 여기에 투자를 하는 사람들이 바로 가치투자자들입니다. 기업가치 증가가 곧 주주가치의 증가이고, 주가는 이러한 가치 증가를 반영해서 상승하리라 믿는 것입니다.

ROE를 투자에 활용할 때의 주안점

결론적으로 재무제표에서 확인해야 할 가장 중요한 지표 중 하나가 ROE라고 할 수 있습니다. ROE가 20% 이상인 기업이야말로 투자자들이 가장 주목해야 할 기업이죠. 다만 ROE를 투자지표로 활용할 때는 다음과 같은 사항들을 염두에 둬야 합니다.

첫째, 부채비율이 높은 기업은 피해야 합니다. 자본 구성에서 타인자본을 많이 사용할 경우 ROE가 높아질 수 있습니다. 그런데 경기가 나빠지면 금융비용 부담이 커지면서 재무 리스크가 문제가 될 수 있습니다. 가급적 부채비율이 150% 이하인 종목 중에서 ROE가 높은 기업을 고르는 것이 좋습니다.

둘째, 매출액 성장성이 낮거나 정체된 기업은 배제할 필요가 있습니다. 성숙산업이나 사양산업에 속한 기업 중에서 ROE가 높은 경우가 종종 있습니다. 저성장이 뉴노멀이 된 상황에서는 성장성이 높은 주식이 시장에서 각광받는다는 사실을 기억해야 합니다.

셋째, 꾸준히 ROE를 높게 유지하는 기업이라면 주가 변동성에 크게 신경 쓰지 않아야 합니다. 앞서 버핏이 ROE를 중요시한다고 말했죠? 버핏은 재무구조가 튼튼하고 ROE가 높다면 주가 변동성은 리스크가 아니라고 봅니다. 이는 투자에 있어서 주주가치 증가를 가장 중요하게 생각한다는 의미죠. 버핏이 매년 높은 투자 수익률을 달성한 이유이기도 합니다.

좋은 기업을 결정짓는 지표, 자기자본이익률

자기자본이익률을 구성하는 항목들

이제부터 재무상태표에서 가장 중요한 지표인 자기자본이익률
(ROE)이 어떻게 구성되는지 알아보도록 합시다. ROE가 무엇으로 구
성되는지 알면 변동성에 대한 이해가 한층 쉬워질 것입니다.

ROE = 순이익 / 자기자본

이 공식을 좀 더 풀어 쓰면 이렇게 변환할 수 있습니다.

$$\text{자기자본이익률} = \left(\frac{\text{순이익}}{\text{매출액}} \times \frac{\text{매출액}}{\text{총자산}} \times \frac{\text{총자산}}{\text{자기자본}} \right)$$

$$\text{ROE} = \text{매출액순이익률} \times \text{총자산회전율} \times \text{재무레버리지}$$

이렇게 ROE는 세 가지 지표로 구성됩니다. 다시 말해 ROE가 높아지려면 세 가지 지표만 높아지면 된다는 뜻입니다.

다음 표는 재무상태표와 손익계산서 자료를 통해 ROE를 파악할 수 있음을 보여줍니다. 먼저 기업은 자본을 조달하는 행위를 합니다. 자기자본과 부채를 통해 총자산을 구성합니다(재무레버리지). 이렇게

■ 표 2-8 | ROE를 구성하는 세 개 지표 ■

자본의 조달	자기자본 대비 총자산을 몇 배로 구성할 것인가? (재무레버리지)
↓	
자산의 구성	조달한 총자산으로 매출액을 얼마나 만들어낼 것인가? 회전율이 높을수록 좋다. (총자산회전율)
↓	
매출액	매출액 대비 순이익률이 높을수록 ROE가 높아진다. (매출액순이익률)
↓	
당기순이익	

조달된 총자산이 매출액을 얼마나 만들어내는지 중요합니다(총자산회전율). 그리고 매출액 대비 순이익률도 ROE에 영향을 미칩니다(매출액순이익률). 이제 이 세 개 지표를 하나씩 살펴보겠습니다.

■ 그림 2-3 | ROE를 구성하는 항목들 ■

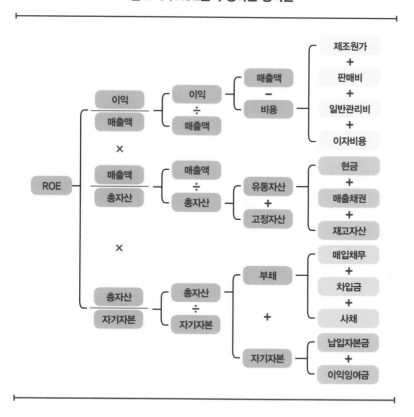

재무레버리지 = 총자본 / 자기자본

기업이 사업을 하기 위해 자본을 조달합니다. 아까 자기자본과 타인자본인 부채를 통해 자금을 조달한다고 했죠? 총자본 1,000억 원을 조달할 때 자기자본을 400억 원, 부채를 600억 원 사용했다고 가정합시다. 레버리지 비율은 총자본을 구성하는 데 자기자본 비중을 얼마만큼 정할 것인가에 대한 문제입니다. 이 비율이 중요한 이유는 재무레버리지가 클수록 ROE가 높기 때문입니다. 자기자본 400억 원으로 레버리지를 2.5배 일으켜 총자본 1,000억 원을 만들었다고 이해하면 됩니다.

레버리지는 지렛대를 의미합니다. 그래서 자기자본보다 타인자본을 더 많이 사용할 경우 ROE가 높아지죠. 타인자본이 지렛대 역할을 하면서 ROE를 높여주는 것입니다. 타인자본 비중이 높아질 때 ROE가 높아지는 과정을 숫자로 한번 확인해봅시다.

여기 자기자본 100억 원, 타인자본 100억 원으로 자본을 조달한 기업이 있습니다. 총자산(=총자본)이 200억 원이며 이때 재무레버리지는 2배입니다. 총자본 200억 원으로 매출액 300억 원을 만들어냅니다. 순이익률이 10%이고 총자산회전율은 1.5배입니다.

이제 이 기업은 사업을 확대하기 위해 자금을 추가로 조달하려고 합니다. 유상증자를 통한 자기자본 조달이 아닌 부채를 통해 100억 원을 조달했습니다. 재무레버리지를 확대하는 전략을 취한 것이지요. 이처럼 부채를 확대하는 즉, 재무레버리지 비율을 높일 경우에 ROE는 어떻게 변할까요?

■ 표 2-9 | 재무레버리지와 ROE의 관계 ■

		자금조달		자금조달 후
자기자본	100			100
타인자본	100	100		200
재무레버리지	2배		➡	3배
총자본회전율	150%			150%
매출액	300			450
순이익	30			45
순이익률	10%			10%
ROE	30%		➡	45%

표에서 볼 수 있듯 부채를 통한 자금조달 비중을 확대시키면 ROE 가 높아집니다. 그렇다면 ROE를 높이기 위해 부채비율을 크게 높이는 경영 전략이 항상 바람직할까요? 사업이 잘될 때는 부채비율이 레버리지 효과를 발휘하면서 ROE를 높여줍니다.

그런데 늘 사업이 잘 풀릴 수는 없겠죠. 경기가 나빠지면 매출액이 증가하지 않고 부채 증가에 따른 이자비용이 증가하면서 수익성이 크게 악화됩니다. 이때는 레버리지 효과가 반대로 작동하게 됩니다. 적정한 부채비율을 유지하는 것이 바람직한 이유가 바로 여기에 있습니다. 높은 ROE를 낮은 부채비율로 만들어내는 기업이야말로 좋은 기업인 것이지요.

총자산회전율 = 매출액 / 총자산

자본을 조달한 기업은 총자산을 구성해서 영업을 합니다. 재무상태표 원리에 의해 총자산은 총자본이기 때문에 총자산회전율은 총자본회전율과 같은 말입니다. 총자산을 매출로 바꾸는 과정을 뜻하는 말이 총자산회전율입니다.

만일 총자산이 100억 원이고, 이를 토대로 영업을 해서 매출액을 200억 원 만들어냈다면 총자산회전율은 200%입니다. 총자산 100억 원을 갖고 300억 원을 만들어냈다면 총자산회전율은 300%가 되는 것이고요.

기업 입장에서는 적은 자산을 사용해서 많은 매출액을 만들어내는 것이 바람직합니다. 그만큼 자산을 효율적으로 사용한다는 의미니까요. 총자산 100억 원으로 매출액 300억 원을 만드는 기업과 총자산 50억 원으로 300억 원 매출을 달성하는 기업이 있다면 둘 중 누가 자산을 효율적으로 사용하는 기업인가요?

■ 그림 2-4 | 총자산회전율의 구성 ■

자산을 적게 사용하고도 원하는 만큼 매출액을 달성한다면 자본조달 비용이 적게 든다는 의미이기에 좋은 기업이라 할 수 있습니다.

그렇다면 총자산회전율은 어떻게 높일 수 있을까요? 매출액을 늘리거나 총자산 규모를 작게 가져가면 됩니다. 총자산은 유동자산과 고정자산으로 구성되는데 유동자산을 줄이려면 매출채권과 재고자산을 효율적으로 관리해야 합니다. 그런데 생산을 위해 대규모 장치가 꼭 필요한 산업, 즉 석유화학, 철강, 자동차, 조선, 시멘트 산업의 경우에는 이러한 고정자산을 줄이는 게 쉽지 않습니다.

매출액순이익률 = 순이익 / 매출액

매출액순이익률은 영업을 얼마나 효율적으로 했는지를 나타내는 지표입니다. 이익률을 높이려면 매출액을 늘리거나 비용을 줄여야 합니다. 비용은 공장 운영에 드는 비용인 제조원가, 후선부서 비용인

■ 그림 2-5 | 매출액순이익률 ■

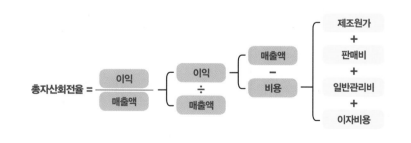

판매·관리비, 금융비용인 이자비용으로 구성됩니다. 이들 비용 중에서 제조원가를 낮추는 것이 가장 중요합니다. 기업의 본질적인 경쟁력은 원가경쟁력이고 이는 경제적 해자를 의미하기 때문이죠.

지금까지의 내용을 정리해봅시다. ROE를 높이려면 자금조달에서 타인자본 비율을 높이거나, 자산을 효율적으로 사용하거나, 원가경쟁력을 낮춰야 가능합니다. 그런데 타인자본 비율을 통해 ROE를 높이는 방법은 썩 바람직하지 않습니다. 그러니 자산을 효율적으로 활용하고 원가경쟁력이 높은 기업이 우리가 찾는 진정 좋은 기업이라 할 수 있습니다. 그런 기업을 발굴해야 하는 것이죠.

손익계산서의
영업이익이 이야기하는 것

손익계산서에서 가장 중요한 영업이익률

재무상태표에서 가장 중요한 지표가 ROE임을 이제 잘 이해하셨을 겁니다. ROE가 높은 기업은 주주가치를 단기간에 높여주기 때문에 주가 상승 가능성이 높다고 할 수 있습니다. 그러므로 지속적으로 ROE를 높게 유지하는 종목을 찾아 투자해야 하겠죠. 이때 손익계산서를 보면 ROE를 높게 유지하는 기업들의 특징이 무엇인지 알 수 있습니다.

앞서 살펴본 대로 ROE는 순이익을 자기자본으로 나눈 지표입니다. 따라서 ROE가 높으려면 순이익이 크거나 자기자본 규모가 상대적으로 작아야 합니다. 그렇다면 손익계산서에서 ROE와 연결되는 지점은 어디일까요? 첫째, 분모인 자기자본을 줄이면 ROE가 증가하겠죠? 배당을 많이 하면 ROE를 높일 수 있습니다. 자사주를 매입할 경우에도 ROE가 높아집니다. 자사주는 자기자본 차감 항목이기 때문입니다.

둘째, 분자인 순이익을 증가시키면 ROE가 높아집니다. 순이익을 지속적으로 증가시키려면 기본적으로 영업이익의 증가가 반드시 필요합니다. 영업 외적인 이익은 지속성이 없기 때문에 가장 중요한 이익은 영업이익이며, 이와 관련해서 손익계산서에서 가장 중요한 지표가 바로 영업이익률입니다.

손익계산서의 구조

손익계산서는 1년간 사업을 통해 벌어들인 손익을 일목요연하게 정리한 장부입니다. 재무상태표가 '지속적인' 장부라면 손익계산서는 '한시적인' 장부입니다. 매년 결산기가 끝나면 다음 회계연도에는 빈 칸(매출액 0)에서 시작합니다. 결산기별로 손익을 따지기 때문입니다.

다음의 삼성전자 손익계산서를 통해 순이익이 만들어지는 구조를 한번 살펴보겠습니다. 손익계산서는 수익에서 비용을 차감해서 이익을 보여주는 구조로 되어 있습니다.

(단위: 100만 원)

연결 손익계산서

	제 52 기	제 51 기	제 50 기
수익(매출액)	236,806,986	230,400,881	243,771,415
매출원가	144,488,296	147,239,549	132,394,411
매출총이익	92,318,692	83,161,332	111,377,004
판매비와관리비	56,324,816	55,392,823	52,490,335
영업이익	35,993,876	27,768,509	58,886,669
기타수익	1,364,068	1,778,666	1,485,037
기타비용	2,488,902	1,414,707	1,142,018
지분법이익	506,530	412,960	539,845
금융수익	12,267,600	10,161,632	9,999,321
금융비용	11,318,055	8,274,871	8,608,896
법인세비용차감전순이익	36,345,117	30,432,189	61,159,958
법인세비용	9,937,285	8,693,324	16,815,101
계속영업이익(손실)	26,407,832	21,738,865	44,344,857
당기순이익(손실)	26,407,832	21,738,865	44,344,857

　　손익계산서 구조에 대한 이해를 돕기 위해 위의 표를 〈표 2-11〉과 같이 수익과 비용별로 다시 정리해봤습니다. 해당 표를 보면 이익이 나오는 과정이 쉽게 이해되실 겁니다. 수익 항목은 총 세 개, 비용 항목은 총 다섯 개입니다.

(단위: 10억 원)

수익	매출액	236,806
	기타수익	1,384
	금융수익	12,267
비용	매출원가	144,488
	판매비와관리비	56,324
	기타비용	2,488
	금융비용	11,318
	법인세비용	9,937
	지분법이익	506
이익	당기순이익	26,407

손익계산서는 수익 항목과 비용 항목으로 나뉩니다. 지분법이익도 지분법수익과 지분법 손실로 나뉘지만 삼성전자는 이를 뭉뚱그려서 발표했습니다. 금액도 크지 않습니다.

수익 − 비용 = 이익

간단히 말하면 이 등식이 손익계산서의 모든 것이라 할 수 있습니다. 수익 항목부터 보면 매출액이 가장 큽니다. 이익의 원천은 매출액에 있습니다. 매출액이 수익에서 가장 큰 비중을 차지하다 보니 매출액이 가장 중요한 것이죠. 따라서 손익계산서를 볼 때 해당 기업의 매출액이 감소했는지 증가했는지를 가장 먼저 확인해야 합니다. 매출액이 감소했다면 투자에 신중해야 하며, 매출액이 큰 폭으로 증가했다면 좋은 기업의 조건을 1차적으로 충족시킨다고 보면 됩니다. 금융수익은 삼성전자가 여유자금을 금융상품에 투자해서 얻은 수익을 말합니다.

비용 항목을 보면 매출원가가 제일 큽니다. 그 다음으로 큰 것이 판매비 및 관리비입니다. 매출원가는 제품을 만들 때 제조공정 과정에 들어가는 비용입니다. 판매비와 관리비는 후선부서인 본사에서 발생하는 비용이고요. 금융비용은 삼성전자가 부채로 자금을 조달하면서 발생하는 비용입니다. 사실 금융수익과 금융비용을 대응시켜서 나오는 금융이익은 얼마 되지 않습니다. 그보다는 본업에서 창출되는 영업이익이 중요하죠. 금융이익은 비중이 작기 때문에 중요도가 낮습니다. 법인세 비용은 세전순이익에 법인세율을 적용해서 결정됩니다.

지금까지 설명한 손익계산서를 〈표 2-12〉와 같이 이익 요인별로 재구성해보았습니다. 영업이익, 금융이익, 기타이익으로 구성된 세 가지 이익이 한눈에 보입니다.

■ 표 2-12 | 삼성전자 손익계산서 이익별 재구성 ■

(단위: 10억 원)

	매출액	236,806
	매출원가	144,488
	판매비와 관리비	56,324
영업이익		35,994
	금융수익	12,267
	금융비용	11,318
금융이익		949
	기타수익	1,384
	기타비용	2,488
기타이익		−598
	법인세비용	9,937
이익	당기순이익	26,407

이렇게 삼성전자 이익의 원천이 명쾌해졌습니다. 보시다시피 영업이익이 가장 큽니다. 금융이익과 기타이익은 이에 비하면 무시해도 될 정도죠. 법인세비용은 이익 규모에 따라 자동으로 계산됩니다. 따라서 영업이익이 가장 중요하다는 것을 단박에 알 수 있습니다. 손익계산서에서 영업이익률을 가장 중요하게 봐야 할 이유가 여기에 있습니다.

손익계산서에서는 영업이익이 핵심

재무상태표에서는 ROE가 핵심이었고, 손익계산서에서는 영업이익이 핵심입니다. 그리고 매출액 대비 영업이익이 얼마나 되는지를 알려주는 영업이익률이 가장 중요한 지표죠. 재무제표 공부의 목적은 ROE와 영업이익률이 어떤 의미를 갖는지 알고, 두 개 지표가 동시에 높은 종목을 찾아내는 데 있습니다.

손익계산서를 볼 때는 다음과 같은 기본적인 항목을 점검해야 합니다. 다음 조건을 만족하지 못하는 기업은 투자 종목으로 신중하게 검토할 필요가 있습니다.

첫째, 매출액이 꾸준히 증가해야 합니다. 매출액은 순이익을 결정하는 확실한 근거입니다. 그래서 매출액을 '탑 라인', 순이익을 '보텀 라인'이라고 부릅니다. 탑 라인에 따라 보텀 라인이 결정되죠. 영업이익률이 높게 유지되더라도 매출이 뒷걸음질치는 종목은 1차적으로 관심 종목에서 걸러내는 것이 좋습니다.

둘째, 매출원가율이 기업의 경쟁력을 실질적으로 결정합니다. 경쟁업체와 대비해서 원가율이 낮은 기업이 경제적 해자를 보유한 기업입니다. 매출원가율이 높아지는 기업은 경쟁력이 약화되고 있는 기업이므로 투자에 신중해야 합니다.

셋째, 판매비와 일반관리비는 절감에 한계가 있습니다. 임직원 급여, 경상연구비 등은 대부분이 고정적으로 나가는 비용이라서 줄이기가 쉽지 않죠. 따라서 영업이익률을 결정하는 비용은 판매비 및 일반관리비가 아니라 매출원가입니다.

넷째, 관심을 가진 기업이 고정비형 기업인지, 변동비형 기업인지 파악해야 합니다. 사업보고서에서 '비용의 성격별 분류'를 보면 고정비형 기업인지, 변동비형 기업인지를 알 수 있습니다. 고정비형 기업은 말 그대로 고정비 성격의 비용이 큰 비중을 차지하는 기업입니다. 유형자산 투자가 많은 기업이 여기에 해당되는데, 이런 기업은 경기

■ 표 2-13 | 삼성전자 비용의 성격별 분류 ■

(단위: 100만 원)

구분	당기	전기
제품 및 재공품 등의 변동	(3,234,887)	1,900,859
원재료 등의 사용액 및 상품 매입액 등	81,792,130	83,443,554
급여	25,054,684	22,453,030
퇴직급여	1,290,179	1,171,606
감가상각비	27,115,735	26,573,816
무형자산상각비	3,219,881	3,023,822
복리후생비	4,655,347	4,489,617
유틸리티비	4,717,553	4,451,765
외주용역비	5,409,889	5,181,792
광고선전비	4,269,043	4,614,525
판매촉진비	5,861,954	6,678,078
기타비용	40,661,604	38,649,908
계(*)	200,813,112	202,632,372

(*) 연결손익계산서 상 매출원가와 판매비와 관리비를 합한 금액입니다.

가 회복될 때 영업레버리지가 작동되기 때문에 이익 증가 폭이 큰 편입니다. 변동비형 기업은 손익분기점이 낮아서 불황에 강합니다. 이렇듯 경기 상황에 따라 기업의 고정비 비중을 투자 판단에 활용할 수 있습니다.

삼성전자의 사례(〈표 2-13〉)를 보며 이번 내용을 정리해보겠습니다. 삼성전자 사업보고서 주석란을 보면 '비용의 성격별 분류'가 나옵니다. 고정비는 급여, 감가상각비, 무형자산상각비, 복리후생비가 해당되고 변동비로는 대표적으로 원재료를 꼽을 수 있습니다.

경제적 해자를 가진
기업을 찾아라

위대한 투자자 워런 버핏의 투자 관점

투자의 대가 워런 버핏은 '경제적 해자'라는 개념을 널리 알린 바 있습니다. 버핏은 벤저민 그레이엄으로부터 내재가치 대비 주가가 저평가된 종목들을 대상으로 가치투자 하는 법을 배운 것으로 유명하죠. 버핏은 시간이 흐르면서 PBR에 근거한 투자 방식을 버리고 가치투자 개념을 새롭게 정립합니다. 경제적 해자가 있는 종목이면서 ROE가 지속적으로 높게 유지되는 종목을 장기적으로 보유하는 방식으로 투자 전략을 바꾸죠. 그래서 버핏이 가장 중요시하는 지표가 ROE입니다.

앞서 확인한 대로 ROE가 높게 유지되려면 영업이익률이 높아야 합니다. 그리고 영업이익률은 경제적 해자와 매우 깊은 관련이 있습니다. 경제적 해자가 없이는 영업이익률이 높을 수 없기 때문이죠.

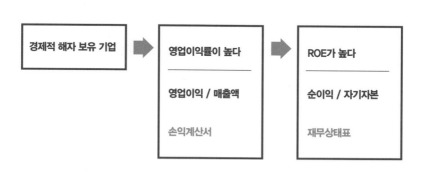

하지만 일반 투자자들이 경제적 해자가 높은 종목을 일일이 찾아나서기란 쉽지 않습니다. 무엇보다 제조공정에 대한 지식이 있어야 가능하죠. 그러다 보니 대부분의 투자자들은 이익률을 기준으로 경제적 해자가 높은 종목을 추정할 수밖에 없습니다.

그러므로 투자 종목을 찾을 때는 영업이익률이 높은 종목이 경제적 해자를 보유하고 있다고 추정하고, 이런 종목을 찾아 사업구조를 분석한 뒤 경제적 해자 유무를 확인해야 합니다. 앞서 살펴봤듯 영업이익률은 손익계산서를 통해 알 수 있죠. 손익계산서 공부는 경제적 해자를 가진 기업을 찾아내는 것이 주목적이 되어야 합니다.

경쟁 기업을 무력화시키는 네 가지 경제적 해자

팻 도시의 책 《경제적 해자》에서는 대표적인 네 가지 항목을 경제적 해자로 꼽고 있습니다.

첫째는 '무형자산'입니다. 무형자산은 유명한 브랜드, 잘 조직된 판매망, 특허, 사업권 등을 말합니다. 이런 무형자산은 물리적 실체가 없지만 경쟁 기업이 시장을 잠식하는 데 일종의 장벽 역할을 합니다.

강력한 브랜드를 보유하면 소비자들의 높은 제품 만족도를 기반으로 경쟁사 제품에 비해 비싼 가격에 판매할 수 있습니다. 마진율을 높게 유지할 수 있다는 얘기죠. 아이폰, 아스피린, 할리 데이비슨, 코카콜라, 루이뷔통, 티파니, 무디스 같은 브랜드가 여기에 해당됩니다. 잘 조직된 판매망 역시 무형자산입니다. 편의점의 경우 소비자 접근성이 매우 중요하죠. 목이 좋은 곳을 선점하게 되면 후발 업체들의 진입이 원천적으로 차단되면서 무형의 진입장벽이 만들어집니다. 특허는 일정 기간 제품의 생산과 판매를 독점적으로 보호해줍니다. 신약을 개발했을 때 일정 기간 특허를 통해 보호받는 경우를 생각해볼 수 있습니다. 라이선스도 비슷한 효과를 냅니다. 카지노, 담배, 항공, 방위산업에 대해 정부가 부여한 라이선스도 진입장벽 역할을 합니다.

하지만 무형자산은 기업의 재무제표에 금액으로 계상되어 있지 않다는 것이 문제입니다. 그러므로 무형자산 가치를 식별할 수 있는 능력을 키울 필요가 있습니다.

두 번째 경제적 해자는 '고객 전환비용'입니다. 소비자는 현재 사용하는 제품을 굳이 다른 제품으로 전환할 이유가 없다면 굳이 전환비용을 감내하면서까지 바꾸려 하지 않습니다. 회계 프로그램의 경우도 지금까지 사용해와서 익숙해진 제품을 다른 제품으로 바꿀 금전적 유인이 크지 않다면 교체를 하지 않습니다. 프로그램을 바꾸면 지금까지 축적된 데이터를 신규 프로그램에 맞게 전환해야 하는데 그 비용이 만만치 않기 때문이죠. 거래 은행을 바꾸는 일 역시 큰 이득이 없고 불편하기만 합니다. 거래 은행을 바꾸게 되면 자동이체 등도 전부 바꿔야 하는데 은행을 바꾼다고 큰 이득이 없습니다. 신용카드 또한 마찬가지입니다.

세 번째 경제적 해자는 '네트워크 효과'입니다. 신용카드 회사는 가맹점 숫자를 중요시합니다. 소비자들 역시 가맹점을 많이 확보한 카드를 선호하죠. 카드를 사용할 때 불편함이 없기 때문입니다. 택배회사도 마찬가지입니다. 택배 출장소가 많을수록 고객들이 사용하는 데 편리합니다. 보안회사도 강력한 네트워크가 중요합니다.

마이크로소프트가 개발한 엑셀 프로그램은 전 세계 모든 기업과 개인이 사용하면서 강력한 네트워크를 형성했습니다. 엑셀 파일로 작성된 문서를 작성자들끼리 공유하면서 대중화되었죠. 이후 여러 회사에서 엑셀과 비슷한 제품들을 개발해 무료로 내놓았지만 모두 시장 진입에 실패했습니다. 엑셀처럼 강력한 사용자 네트워크를 구축하지 못했기 때문입니다.

인터넷 플랫폼 역시 네트워크 사업으로 볼 수 있습니다. 네이버의 경우 지식검색 서비스를 통해 시장을 선점했습니다. 검색 광고, 블로 그, SNS, 네이버페이, 이커머스, 웹툰 등은 플랫폼이 있기 때문에 확장이 가능했죠. 카카오의 카톡도 네트워크 효과로 볼 수 있습니다. 카톡으로 구축된 강력한 네트워크가 각종 사업 확장으로 연결되는 현상을 확인할 수 있습니다.

한번 구축된 네트워크는 강력한 생태계를 만들기 때문에 기존 사업자들이 네크워크를 구축해버리면 신규 진입이 쉽지 않습니다. 메신저 서비스는 선점효과를 통한 네트워크 효과가 극대화되는 대표적인 사례라 할 수 있습니다. 한국의 카카오톡, 일본의 라인, 중국의 위챗, 미국의 왓츠앱 등이 대표적인 시장 선점으로 네트워크 효과를 달성했습니다. 네트워크야말로 강력한 경제적 해자입니다.

네 번째 경제적 해자는 '원가 우위'입니다. 원가 우위는 가장 본질적인 경제적 해자에 해당합니다. 경쟁사보다 낮은 원가로 생산이 가능하다는 얘기는 마진율이 높고, 경쟁자를 시장에서 퇴출시킬 힘을 갖고 있음을 의미합니다. 마진율이 경쟁사보다 10% 높은 기업이 있다고 해봅시다. 이 기업이 시장점유율을 높이기 위해서 가격을 10% 낮춰 판매한다면 어떻게 될까요? 경쟁자인 한계기업은 퇴출될 수밖에 없습니다. 그렇다면 특정 기업이 원가 우위를 가졌는지 어떻게 알 수 있을까요? 바로 손익계산서입니다. 손익계산서에서 매출원가율을 보면 알 수 있습니다.

주식투자에서 가장 먼저 할 일은 좋은 기업을 고르는 일이고, 이를 위해서는 경제적 해자를 갖고 있는 기업을 찾아야 합니다. 경제적 해자의 종류는 다양하니 면밀하게 살피길 권합니다.

'20-20클럽'에 주목하라

영업이익률과 ROE가 동시에 높은 기업

재무상태표에서는 ROE가 중요하고 손익계산서에서는 영업이익률이 중요합니다. ROE는 회사가 주주들 몫을 얼마나 불려주는가를 나타냅니다. 영업이익률을 통해 기업이 경제적 해자를 갖고 있는지를 확인할 수 있죠.

한마디로 영업이익률과 ROE가 동시에 높다면 좋은 기업이라 할수 있습니다. 기업이 경제적 해자를 갖고 있어서 매년 많은 영업이익을 낼 수 있고, 이는 곧 주주가치가 매년 높아진다는 것을 의미하기 때문입니다.

손익계산서	영업이익률	경제적 해자
재무상태표	자기자본이익률(ROE)	주주 투자 수익률

영업이익률이 높으면 ROE도 동시에 높을 가능성이 있습니다. 영업이익률이 낮은데 ROE가 높은 경우도 있긴 한데, 이때는 부채비율이 높아서 ROE가 높은 건 아닌지 확인이 필요합니다. 배당을 많이 주거나 자사주를 매입해서 자기자본 규모를 줄일 경우에도 ROE가 높아집니다. 영업이익률이 높은데 ROE가 낮은 경우도 있습니다. 이는 주주 환원에 인색한 기업이라서 자기자본 규모를 크게 가져가는 기업일 수 있습니다.

영업이익률과 ROE가 동시에 높다는 의미는 경제적 해자를 갖춘 기업이면서 동시에 주주가치를 매년 높은 속도로 증가시켜주는 기업이라는 뜻입니다. 이런 기업은 내부에서 창출되는 자금만으로도 기업의 설비투자 등에 필요한 자금을 충당할 수 있습니다.

영업이익률이 높고 ROE가 낮은 기업	• 자본의 비효율적 사용. 배당에 소극적이거나 자사주 매입을 꺼려서 자기자본 규모가 클 경우에 해당된다.
영업이익률이 낮고 ROE가 높은 기업	• 부채비율이 높아서 ROE가 높은 기업은 투자 대상에서 제외 • 배당을 많이 주거나 자사주 매입에 적극적이어서 자기자본 규모 작을 경우
영업이익률과 ROE가 동시에 낮은 기업	• 경쟁력 없는 기업, 투자 대상에서 제외
영업이익률과 ROE가 동시에 높은 기업	• 경제적 해자를 보유했으며 주주가치를 매년 높게 증가시켜주는 최고 기업 • 최고의 투자 대상 종목에 해당

따라서 영업이익률과 ROE가 동시에 높은 종목을 주목해야 합니다. 영업이익률이 20% 이상이면서 ROE도 20% 이상인 기업을 흔히 '20-20 클럽'이라고 부릅니다. 국내 증시 상장 종목 중에서 100개 내외가 여기에 해당됩니다. 한마디로 최고 종목이라고 할 수 있죠. 시간이 부족한 직장인 투자자라면 이런 우량 종목 위주로 매매 대상을 선정하고 주가를 추적하는 것이 좋습니다.

네이버 금융란을 보면 수익성 지표로 다음과 같은 표(〈표 2-15〉)를 볼 수 있습니다. 분기별 이익률부터 많은 정보가 나오죠. 예를 들어 티씨케이라는 반도체 소모품을 생산하는 기업의 이익률을 한번 살펴보겠습니다.

티씨케이는 글로벌 시장에서 독보적인 점유율을 확보한 경제적 해자를 보유한 강소기업입니다. 영업이익률을 최근 5년간 30% 이상 유지해왔습니다. ROE 역시 5년간 20% 이상을 기록하고 있네요. 경제적 해자를 갖고 있기에 높은 영업이익률을 올리면서 주주가치 증가율이 높은 기업이라고 분석할 수 있습니다. 영업이익률 30% 이상, ROE 20% 이상이라서 '30-20 클럽'이라고 명명하기도 합니다.

이처럼 경제적 해자와 주주가치 증가율을 의미하는 이익률 지표를 동시에 높게 유지하는 기업은 장기 투자를 해볼 만합니다. 다만 투자 도중 영업이익률이 크게 하락한다면 투자 대상에서 제외해야 합니다. 경제적 해자가 무너졌을 가능성도 있기 때문입니다. 내가 투자한 기업이 2분기 연속으로 이익률이 예전보다 큰 폭으로 하락했다면 투자 판단을 재검토해야 합니다.

■ 표 2-15 | 티씨케이의 영업이익률과 ROE ■

(단위 : 억 원, %, %p, 배)

항목	2016/12 (IFRS별도)	2017/12 (IFRS별도)	2018/12 (IFRS별도)	2019/12 (IFRS별도)	2020/12 (IFRS별도)
매출총이익률	42.96	46.98	47.57	43.56	43.32
영업이익률	30.67	36.63	34.64	34.53	35.17
순이익률	25.42	28.62	27.48	27.32	26.52
EBITDA마진율	37.79	43.31	40.22	39.48	39.84
ROE	21.86	28.75	28.43	23.15	24.65
ROA	19.36	24.84	24.47	20.14	21.63
ROIC	27.98	43.48	46.66	34.69	41.75

영업레버리지가 작동 중인 기업

손익계산서에서 가장 중요한 항목인 영업이익이 높아지기 위한 조건은 무엇일까요? 영업이익이 만들어지는 수익과 비용 구조를 보면 됩니다.

■ 표 2-16 | 영업이익은 어떻게 만들어질까? ■

매출액		100	가장 중요한 수익 항목
	매출원가	50	생산공정에서 지출된 비용(원재료비, 감가상각비, 인건비 등)
판매비 및 일반 관리비		30	후선부서 비용. 고정비 성격이 큼
영업이익		20	매출액－매출원가－판매비 및 일반 관리비
영업이익률		20%	영업이익률 = 영업이익 / 매출액 손익계산서에서 가장 중요한 이익률, 경제적 해자를 상징함

영업이익이 증가하기 위해서는 두 가지 측면에서 봐야 합니다. 먼저 수익인 매출액이 증가해야 합니다. 한편으로 비용인 매출원가나 판관비를 줄여도 영업이익이 증가할 수 있죠. 어떤 기업의 영업이익이 증가 추세라면 수익이 증가하고 매출 단위당 비용이 줄었다는 의미입니다. 두 가지 중에서 더 중요한 것을 꼽자면 매출액 증가가 비용 감소보다 더 바람직합니다.

매출액 성장의 중요성은 아무리 강조해도 지나치지 않습니다. 매출이야말로 이익의 근원이기 때문이죠. 매출은 수익의 가장 근본적인 수원지라서 매출 감소는 수원지의 물이 말라간다는 의미입니다. 당연히 최종 이익에 심대한 영향을 미치게 되죠. 그래서 매출 성장 없는 이익 성장은 의심해봐야 합니다. 매출 성장이 없다면 매출 단위당 고정비가 증가하기 때문에 영업이익률이 낮아집니다.

고정비가 중요한 이유는 영업레버리지 효과 때문입니다. 변동비는 줄이기가 쉽지 않습니다. 대표적인 변동비인 원재료 가격은 기업 입장에서 외부 변수입니다. 기업이 원재료 가격을 컨트롤할 수 없기 때문에 원한다고 변동비를 줄이기 쉽지 않은 것이죠. 변동비 축소는 기업의 본질적인 경쟁력과 큰 관계가 없습니다.

종종 고정비 중에서 인건비를 절감하기 위해 구조조정을 하는 기업들이 있습니다. 그런데 이러한 인력 중심의 구조조정은 후유증이

■ 표 2-17 │ 수익과 비용의 조합 ■

증수감익(增收減益)	수익이 증가하나 비용이 더 빠르게 증가해서 이익이 감소	원가 경쟁력 하락
감수증익(減收增益)	수익이 감소하나 비용을 줄여서 이익이 증가	매출 감소는 바람직하지 못함
감수감익(減收減益)	수익과 이익이 동시에 감소	최악의 손익 구조
증수증익(增收增益)	수익 증가로 고정비 효과를 통해 이익 증가	가장 바람직한 손익 구조 ➡ 투자 대상

큽니다. 대표적으로 직원들의 사기 저하를 들 수 있죠. 언제 해고될지 모르는데 마음 편히 일을 할 수 있겠습니까? 일 잘하는 직원들이 먼저 동요하면서 이직을 합니다. 당연히 회사가 제대로 돌아가지 않습니다.

인력 구조조정은 최후의 수단이고, 만일 인력을 줄여서 고정비를 절감하는 기업이 있다면 회사가 심각한 상태라는 것을 의미하기 때문에 이런 기업에 대한 투자는 신중해야 합니다. 오죽했으면 직원을 잘라서 비용을 절감하겠습니까? 이와 반대로 직원을 대규모로 뽑는다는 뉴스는 호재입니다. 일손이 모자란다는 것은 달리 말하면 사업이 잘된다는 의미니까요.

매출액이 크게 증가하는 기업은 가동률이 높게 유지될 가능성이 큽니다. 제품 수요에 비해 공급이 부족해서 가동률이 상승한다는 뉴스가 나오면 주가가 들썩이게 됩니다. 가동률이 높다는 것은 기업의 고정자산을 온전히 사용한다는 의미입니다. 고정비 효과를 만끽하고 있는 것이죠.

반면 가동률이 50%인 기업은 고정 설비의 50%밖에 사용하지 않는다는 얘깁니다. 고정 설비는 사용을 하든 안 하든 매년 가치가 감소하기 때문에 매년 비용으로 털어내야 합니다. 당연히 고정 설비를 100% 가동하는 것과 50% 가동하는 것은 단위 제품당 비용면에서 큰 차이가 나게 되죠.

	A기업	B기업
매출액 (A)	1,000	800
고정비 (B)	500	500
고정비 단위당 매출액(A/B)	2	1.6

A기업은 가동률이 높습니다. 단위 고정비로 매출액 2를 뽑아내지만 가동률이 낮은 B기업은 매출액을 1.6밖에 만들어내지 못합니다. 그러나 두 기업 모두 고정비는 동일하게 나갑니다. 비용은 똑같이 나가지만 A기업이 B기업보다 제품을 더 많이 만들어냅니다. 두 기업은 수익성 면에서 큰 차이가 날 수밖에 없습니다. B기업은 A기업에 비해 고정자산인 기계설비를 더 놀리고 있습니다. 자산을 효율적으로 사용하지 못하고 있는 것이죠.

결론적으로 가동률 상승은 호재로 인식해야 합니다. 특히 고정비 비중이 높은 기업이 가동률 상승에 따라 매출이 증가할 경우 영업이익은 매출 증가보다 훨씬 빠른 속도로 증가하게 됩니다. 이것이 영업레버리지 효과입니다.

영업레버리지 = 영업이익 변화율 / 매출 변화율

매출액이 증가해서 고정비 효과인 영업레버리지가 작동하는 것은 제조업체 입장에서 매우 중요합니다. 영업레버리지는 손익계산서를 공부할 때 꼭 알아둬야 할 중요한 개념이기도 합니다.

■ 표 2-19 | 매출액 증가에 따른 영업레버리지 효과 ■

매출액	1,000	➡	1,200
고정비	450		450
변동비	400		480
영업이익	150		270
영업이익률	15%	➡	23%

표를 보시면 매출액이 20% 증가했는데 영업이익은 80% 증가하는 걸 볼 수 있습니다. 매출액 증가 속도보다 영업이익의 증가 속도가 훨씬 빠르기 때문입니다. 매출 증가에도 불구하고 고정비가 추가로 들지 않기에 고정비가 지렛대 역할을 한 것입니다. 이것이 바로 영업레버리지입니다. 보통 고정비 비중이 높은 기업에서 매출이 증가할 때 이러한 영업레버리지가 작동합니다.

원가경쟁력이 높은 기업

고정비는 매출이 감소해도 일정하게 나가는 금액을 뜻합니다. 대표적으로 감가상각비, 종업원 급여, 건물 임차료 등이 있습니다. 반면 변동비는 매출액에 비례해서 비용이 결정됩니다. 매출이 증가하면 원재료 구매도 증가하기 때문입니다. 매출액 100억 원을 만들어내는 데 원재료 10억 원이 투입된다면 매출액 200억 원을 만들기 위해 원재료 20억 원을 써야 하는 것이죠.

지급수수료나 판매수수료도 매출액에 비례해 나갑니다. 대리점을 두고 제품을 판매하는 경우 매출액에서 일정한 비율을 판매수수료로 지급합니다. 기술 도입을 해서 제품을 만들 때도 로열티 지급이 매출액에 연동됩니다. 매출액과 관련한 고정비와 변동비를 그래프로 표

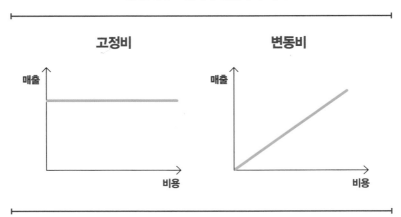

■ 그림 2-6 | 고정비와 변동비의 차이 ■

시하면 〈그림 2-6〉과 같습니다.

영업이익률을 결정하는 가장 큰 요인은 단위당 원가경쟁력입니다. 이는 기업이 제조 과정에서 얼마나 제조원가를 낮출 수 있느냐의 문제이기도 합니다. 매출총이익률이 경쟁사에 비해 높은 기업이야말로 경제적 해자가 있는 기업이며 투자자들이 찾아내야 할 좋은 기업이라 할 수 있습니다.

PER 지표를 투자에 활용하는 방식

투자자들이 가장 자주 보고 또 중요하게 참고하는 지표가 바로 PER입니
다. 그런데 위대한 투자자들 사이에서도 PER에 대한 평가는 크게 엇갈
립니다. PER이 중요한 가치투자 지표로서 활용되기는 하지만 워런 버핏
은 PER보다는 경제적 해자와 ROE를 중요시합니다. 윌리엄 오닐은 PER
이 시장 평균에서 2배 이상으로 높아질 때 본격적으로 투자하라고 이야기
합니다. 데이비드 드레먼이나 조엘 그린블라트 같은 가치투자자들은 낮은
PER 종목에 주목하라고 말합니다.

　이렇게 많은 대가들이 각기 다른 방식으로 PER에 대해 이야기합니다.
이를 달리 표현하면 PER을 어떻게 이해하느냐가 가장 중요한 문제라는
뜻입니다.

PER = 주가 / 주당순이익

　주당순이익(EPS)이 1,000원인 기업의 주가가 1만 원이라면 PER은 10
배입니다. 이것이 의미하는 바는 무엇일까요? 주당순이익 대비 주가가 몇
배수로 거래되는가를 뜻한다고 볼 수 있겠죠. 이 항등식을 이렇게 바꿔보
겠습니다.

주가 = 주당순이익 x PER

　주가를 결정하는 요인이 주당순이익과 PER이라는 것을 알 수 있습니

다. 즉, 주가는 주당순이익에 PER을 몇 배수로 부여하느냐 하는 문제로 환원됩니다. 그렇다면 투자자들은 왜 어떤 주식에는 PER을 10배 부여하고 어떤 주식에는 20배를 부여할까요? 같은 종목에 대해서도 어떤 때는 높은 PER을 부여하지만 어떤 때는 낮은 PER을 줍니다. 종목에 따라 그리고 상황에 따라 PER 배수를 부여하는 정도가 달라집니다.

PER이 7배인 A기업과 PER이 20배인 B기업이 있다고 해봅시다. 이는 B기업에 20배를 부여하고서라도 주식을 사겠다는 의미입니다. PER은 투자자들의 주식에 대한 욕망의 표현이기도 합니다. A기업의 주식에는 시장 평균인 PER 10배를 부여하는데도 인색합니다. 그런데 B기업 주식에는 시장 평균보다 높은 20배를 줍니다.

즉, PER은 투자자들이 해당 주식에 대해 평가하는 지표이며 인기의 척도라고 볼 수도 있습니다. PER이 낮은 주식은 비인기 주식이라는 뜻이고 PER이 높은 주식은 투자자들에게 인기가 높다는 의미인 것이죠.

그렇다면 인기가 높은 고PER 주식을 사야 할까요? 인기가 없는 저PER 주식을 사야 할까요? 여기서 가치투자자들과 모멘텀투자자들 간의 PER에 대한 평가가 엇갈립니다. 가치투자자들은 인기의 뒤안길을 가라고 말하곤 하죠. PER이 낮은 종목은 기업가치에 비해 저평가된 주식입니다. 그럼 언제까지 저평가 상태에 있을까요?

가치투자자들은 주가가 결국 평균을 향해간다는 믿음을 갖고 있습니다. 주가는 하락하면 상승으로 전환하고, 크게 상승한 종목은 하락하는 경향이 있다는 거죠. 이른바 평균회귀의 법칙입니다. 그래서 가치투자자들은 밀짚모자를 겨울에 사야 한다고 주장합니다. 겨울에 밀짚모자는 인기가 없으니 가격이 싸집니다. 한여름에는 밀짚모자 수요가 많기 때문에 가격이 비싸지죠. 주식도 쌀 때 사서 비쌀 때 팔아야 한다는 것이 가치투자자들의 논리입니다.

그런데 모멘텀투자자들은 반대로 주가에 모멘텀이 발생할 때 큰 폭의 주가 상승이 나타나니 이때를 매매 기회로 활용해야 한다고 주장합니다. 경기 회복 초입에 경기 민감주들인 철강, 시멘트, 석유화학 주식들이 크게 오르는 경향이 있습니다. 구조조정으로 기업이 환골탈태할 경우에도 강력한 모멘텀이 작동합니다. 흑자전환, 무상증자, 기업 인수, 신제품 개발 성공 등등도 모멘텀이 될 수 있죠. 이런 이슈가 투자자들에게 부각되면 매수세가 급격하게 몰리고 주가는 급등합니다. 모멘텀 투자자들은 이때를 노려서 투자하라고 합니다.

주가가 급등할 때는 PER 배수가 급격하게 올라갑니다. 인기가 치솟기 때문입니다. 모멘텀투자자들은 비인기 종목은 언제 주가가 오를지 모르기 때문에 기다리는 것은 시간낭비이며 기회비용이라고 합니다. 주가가 본격적으로 움직일 때 매매에 참여하자는 논리죠. 이처럼 가치투자자들과 모멘텀투자자들은 PER을 상반된 관점에서 사용합니다.

피터 린치가 제시한 PEG 투자 방식

피터 린치는 저서 《전설로 떠나는 월가의 영웅》에서 'PEG'를 투자에 활용하라고 조언합니다. PER을 모든 주식에 천편일률적으로 적용하는 것은 불합리하기에 성장성이 높은 주식은 고PER을 용인하자는 차원에서 PEG 지표를 제시합니다. PEG란 PER을 주당순이익 증가율로 나눈 지표입니다. PER이 10배인 기업의 예상 주당순이익 증가율이 10%일 경우 PEG는 1배가 됩니다.

PEG = PER / 주당순이익 증가율

PER이 낮거나 주당순이익 증가율이 높을수록 PEG 배수는 낮아집니다. 피터 린치는 PEG가 낮은 종목일수록 저평가된 기업이라고 주장합니다. 다시 말해 성장주에는 고PER도 용인할 필요가 있다는 이야기입니다. 일반적으로 시장 평균 PER 배수가 10배이므로 어떤 기업이 PER을 30배 받는다면 그 기업은 고평가되었다고 말합니다. 그런데 피터 린치는 이 기업의 이익성장률이 30%라면 고평가라 말하기 힘들다고 이야기합니다. 성장성을 감안해서 PER 지표를 보완하자는 것이죠.

PER이 좋은 지표이기는 하지만 산업별 상황을 감안해서 적용해야 할 필요도 있습니다. 이른바 성숙산업 혹은 사양산업에 속한 기업들은 대체적으로 PER이 낮습니다. 이익은 일정하게 내는 편이지만 성장성이 한 자릿수를 기록하는 기업은 미래에 대한 기약이 없기 때문에 투자자들에게 인기가 없죠. 이로 인해 저PER 혹은 저PBR 기업이 많습니다. 특별한 모멘텀이 없는 한 이런 기업들은 장기적으로 저PER로 남을 가능성이 큽니다. 특히 저성장 시대에 저PER 주식은 인기가 없죠.

피터 린치는 고성장주를 골라서 대박을 내고 싶다면 PEG가 0.5 미만일 때 주식을 매수하라고 합니다. PEG가 1.5 정도만 되어도 좋은 투자 대상이라고 봤습니다. 피터 린치는 이렇게 말합니다.

"PER이 성장률보다 낮다면 그 주식은 헐값인 셈이다. 예컨대 연간 성장률이 12%인 회사의 PER이 6배라면 이 주식은 아주 매력적이다. 반면 성장률이 연간 6%인 회사의 PER이 12배라면, 이 주식은 매력이 없어서 주가 하락이 예상된다. 일반적으로 PER이 성장률의 절반이라면 매우 유망하며 성장률의 2배라면 매우 불리하다."

PEG 지표를 활용할 때 주의할 점도 있습니다. 성장성이 없는 회사에

PEG 지표를 사용할 수는 없습니다. 성숙산업에 속하는 기업은 배당소득을 중심으로 가치평가를 해야 합니다. 또한 기업의 성장률과 산업 전반의 성장률을 함께 감안해서 봐야 합니다. 경제 전반이 고성장세에 있다면 PEG 활용성은 떨어지기 마련입니다.

결론적으로 PER은 많은 투자자들이 활용하는 지표이며 여전히 유용성이 있습니다. 그리고 요즘 같은 저성장 시대에는 성장성이 높은 기업에게 고PER도 용인할 필요가 있습니다. 다만 지나치게 경직된 방식으로 PER을 활용하는 것은 경계해야 합니다.

현금흐름표 속 잉여현금흐름 파악하기

기업 내부의 현금 유출과 유입을 기록한 표

재무상태표와 손익계산서에 대해 자세히 공부했으니 마지막으로 현금흐름표에 대해 알아봅시다. 현금흐름표란 무엇일까요? 우선 '현금'과 '흐름'이라는 단어에 주목해봅시다. 현금이 물처럼 흘러간다는 말일까요? 맞습니다. 그럼 현금이 어떻게 흘러 다닐까요?

본격적인 설명을 하기에 앞서 삼성전자의 현금흐름표를 한번 살펴보고 갑시다. 복잡한 숫자에 놀랄 필요 없습니다. 여기서는 현금흐름표가 영업활동 현금흐름, 투자활동 현금흐름, 재무활동 현금흐름 이렇게 세 개 부문으로 구성되어 있다는 것만 알면 됩니다.

■ 표 2-20 │ 삼성전자의 연결 현금흐름표 ■

(단위: 100만 원)

제52기 2020. 01. 01부터 2020. 12. 31까지

제51기 2019. 01. 01부터 2019. 12. 31까지

제50기 2018. 01. 01부터 2018. 12. 31까지

	제 52 기	제 51 기	제 50 기
영업활동 현금흐름	65,287,009	45,382,915	67,031,863
영업에서 창출된 현금흐름	68,148,810	56,635,791	78,025,064
당기순이익	26,407,832	21,738,865	44,344,857
조정	41,618,554	37,442,682	43,604,573
영업활동으로 인한 자산부채의 변동	122,424	(2,545,756)	(9,924,366)
이자의 수취	2,220,209	2,306,401	1,788,520
이자의 지급	(555,321)	(579,979)	(548,272)
배당금 수입	243,666	241,801	215,992
법인세 납부액	(4,770,355)	(13,221,099)	(12,449,441)
투자활동 현금흐름	(53,628,591)	(39,948,171)	(52,240,453)
단기금융상품의 순감소(증가)	(20,369,616)	(2,030,913)	(12,366,298)
단기상각후원가금융자산의 순감소(증가)	184,104	(818,089)	(1,436,844)
단기당기손익-공정가치금융자산의 순감소(증가)	1,704,512	374,982	(139,668)
장기금융상품의 처분	12,184,301	4,586,610	255,850
장기금융상품의 취득	(8,019,263)	(12,725,465)	(7,678,654)
상각후원가금융자산의 처분	1,023,117	694,584	0
상각후원가금융자산의 취득	0	(825,027)	(158,716)
기타포괄손익-공정가치금융자산의 처분	32,128	1,575	16,211
기타포괄손익-공정가치금융자산의 취득	(245,497)	(63,773)	(456,134)
당기손익-공정가치금융자산의 처분	39,746	64,321	80,138

	제 52 기	제 51 기	제 50 기
당기손익-공정가치금융자산의 취득	(84,184)	(135,826)	(193,848)
관계기업 및 공동기업 투자의 처분	0	12,149	148
관계기업 및 공동기업 투자의 취득	(83,280)	(12,778)	(51,226)
유형자산의 처분	376,744	513,265	556,973
유형자산의 취득	(37,592,034)	(25,367,756)	(29,556,406)
무형자산의 처분	7,027	7,241	11,935
무형자산의 취득	(2,679,779)	(3,249,914)	(1,020,517)
사업결합으로 인한 현금유출액	(49,420)	(1,019,405)	(99,108)
기타투자활동으로 인한 현금유출입액	(57,197)	46,048	(2,289)
재무활동 현금흐름	(8,327,839)	(9,484,510)	(15,090,222)
단기차입금의 순증가(감소)	2,191,186	865,792	(2,046,470)
자기주식의 취득	0	0	(875,111)
장기차입금의 차입	14,495	0	3,580
사채 및 장기차입금의 상환	(864,947)	(709,400)	(1,986,597)
배당금의 지급	(9,676,760)	(9,639,202)	(10,193,695)
비지배지분의 증감	8,187	(1,700)	8,071
매각예정분류	(139)	0	0
외화환산으로 인한 현금의 변동	(833,861)	595,260	94,187
현금 및 현금성자산의 순증감	2,496,579	(3,454,506)	(204,625)
기초의 현금 및 현금성자산	26,885,999	30,340,505	30,545,130
기말의 현금 및 현금성자산	29,382,578	26,885,999	30,340,505

영업활동 현금흐름: 기업의 현금 창출 능력

현금흐름표를 읽는 법을 알려면 모든 기업이 세 가지 활동을 한다는 사실에서 출발해야 합니다.

기업의 세 가지 활동

영업활동
제품을 생산하거나
서비스를 제공, 매출이
발생하고 이익을 내는
기업의 본질적인 활동

투자활동
영업활동을 위해
설비투자를 하거나
기업을 인수, 금융상품에
투자하는 활동

재무활동
영업활동과 투자활동에
필요한 자금을 조달하거나
부채의 상환, 배당금을
지급하는 활동

첫 번째, 모든 기업은 영업활동을 합니다. 가장 기본적인 기업의 활동이죠. 기업은 영업을 통해 돈을 벌어들입니다. 매출이 발생하면 현금이 들어오고 원료를 사면 현금이 나갑니다. 직원들에게 인건비도 지불해야 하죠. 영업이익을 내기 위한 활동을 하면서 현금이 기업 안으로 들어오기도 하고 기업 밖으로 나가기도 합니다. 간단히 예를 들어봅시다.

매출액: 1,000,000원 (현금매출 700,000원, 외상매출 300,000원)
원재료 구입: 300,000원
종업원 급여: 200,000원
전기세: 100,000원
광고선전비: 100,000원
외주가공비: 100,000원

이 회사의 영업활동 현금흐름은 얼마일까요? 더 간단히 정리해봅시다.

현금유입: 현금매출 700,000원
현금유출: 800,000원
      (원재료 구입+종업원 급여+전기세+광고선전비+외주가공비)
_____
영업활동 현금흐름 : -100,000원

영업활동을 통해 현금이 회사 밖으로 10만 원이 유출되었습니다. 매출이 발생했음에도 현금이 증가하지 않고 기업 밖으로 현금이 빠져나간 것입니다. 왜 그럴까요? 외상으로 물건을 30만 원어치 팔았기 때문입니다.

위 실적을 토대로 손익계산서를 만들면 어떻게 될까요? 손익계산서는 수익과 비용으로 구성됩니다.

> 수익: 매출액 1,000,000원
>
> 비용: 800,000원
>
> (원재료 구입+종업원 급여+전기세+광고선전비+외주가공비)
>
> _____
>
> 이익 : 200,000원

손익계산서에서는 이익이 20만 원으로 기록되는데 현금흐름표에서는 현금이 10만 원 유출됐습니다. 뭔가 이상하다고 생각되시나요? 하지만 전혀 이상할 게 없습니다. 일반 사람들은 기업이 이익을 내면 현금이 증가한다고 보는 경향이 있는데 꼭 그렇지만은 않습니다.

예컨대 기업의 순이익이 100억 원 발생했다면 기업의 현금은 증가할까요? 증가한다면 얼마나 증가할까요? 상황에 따라 다릅니다만 분명한 것은 순이익과 현금흐름은 다르다는 것입니다. 위 사례에서 본 기업처럼 이익이 났어도 기업의 현금은 오히려 줄어들 수도 있습니다.

왜 이런 일이 발생할까요? 이는 회계처리 원칙 때문입니다.

• 손익계산서: 발생주의(회계적 사건이 발생할 때)
• 현금흐름표: 현금주의(현금의 유출입이 발생할 때)

외상매출을 할 경우에도 손익계산서는 이를 '매출'로 간주합니다. 수익이 발생했다고 보기 때문에 회사의 손익에 변동이 생기죠. 반면 현금흐름표에서 외상매출액은 현금이 유입되지 않는 매출입니다. 현금흐름표에서는 어디까지나 현금의 유출입만 계산하기 때문에 이는 회사의 현금흐름에 변화를 주지 못합니다. 물론 나중에 외상매출 대금을 현금으로 받았을 경우엔 현금이 유입된 것이기에 그때 기록을 하죠.

그럼 외상매입은 어떨까요? 기업이 원재료를 사고 현금을 지급하지 않았을 때 외상매입이 증가합니다. 일종의 부채죠. 이때 손익계산서는 비용이 발생했다고 간주합니다. 따라서 회사의 손익에 변동이 생깁니다. 그런데 손익계산서상에 비용이 발생했음에도 현금이 유출되지 않았기 때문에 현금흐름표에는 아무런 변화가 없습니다. 현금흐름표는 오로지 현금의 유입과 유출 관점에서 기업의 활동을 기록한 장부이기 때문이죠. 처음에 보여드렸던 삼성전자의 영업활동 현금흐름표를 다시 보겠습니다.

	제 52 기	제 51 기	제 50 기
영업활동 현금흐름	65,287,009	45,382,915	67,031,863
영업에서 창출된 현금흐름	68,148,810	56,635,791	78,025,064
당기순이익	26,407,832	21,738,865	44,344,857
조정	41,618,554	37,442,682	43,604,573
영업활동으로 인한 자산부채의 변동	122,424	(2,545,756)	(9,924,366)
이자의 수취	2,220,209	2,306,401	1,788,520
이자의 지급	(555,321)	(579,979)	(548,272)
배당금 수입	243,666	241,801	215,992
법인세 납부액	(4,770,355)	(13,221,099)	(12,449,441)

삼성전자가 52기에 영업활동을 통해 창출한 현금이 65.2조 원입니다. 이 말은 삼성전자가 1년간 영업을 통해 회사 내부로 유입시킨 돈의 규모가 62.5조 원이라는 뜻입니다. 금액이 어떻게 만들어졌는지에 대한 세세한 내용이 있으나 굳이 거기까지 알 필요는 없습니다. 중요한 것은 삼성전자가 가진 현금이 영업활동으로 65.2조 원 증가했다는 사실입니다.

그런데 손익계산서에서 당기순이익은 26.4조 원으로 되어 있네요. 삼성전자가 1년간 영업을 통해 이익을 이만큼 냈다는 뜻입니다. 순이익 규모와 영업활동 현금흐름 증가 간의 차이가 큰 것을 볼 수 있죠. 새삼 삼성전자 현금 창출 능력의 대단함을 알 수 있습니다.

이처럼 현금흐름표를 볼 때는 영업활동 현금흐름과 당기순이익을 비교해보는 습관을 가져야 합니다. 손익계산서에서 당기순이익보다 현금흐름이 크면 좋습니다.

투자활동 현금흐름: 미래를 대비하는 기업의 능력

기업의 생명은 뭐니 뭐니 해도 영속성에 있습니다. 그렇게 기업이 지속적으로 성장하기 위해서는 투자활동을 해야 하죠. 설비투자가 대표적인 투자활동에 속합니다. 만약 기업이 설비투자를 하고도 자금이 여유롭다면 금융상품 등에 투자하거나 기업을 인수하기도 합니다.

■ 표 2-21 | 기업의 주요 투자활동 세 가지 ■

설비투자	각종 기계장치, 토지매입, 건물 신축 등에 투자
금융상품 투자	장단기 금융상품에 투자
M&A	기업 지분투자

그럼 앞에 나온 표를 다시 보면서 삼성전자가 1년간 투자를 어디에 어떻게 집행했는지 확인해봅시다.

투자활동 현금흐름표를 보면 52기에 (53,628,591)이라고 괄호에 숫자가 들어가 있습니다. 이는 마이너스 표시이며 현금이 유출됐음을 의미합니다. 삼성전자가 1년간 투자활동을 한 결과 약 53.6조 원의 현금이 회사 밖으로 유출된 것입니다. 앞서 본 것처럼 삼성전자는 영업활동으로 현금 65.2조 원을 회사 내부로 유입시켰고, 투자활동으로 현금 53.6조 원을 유출시켰다는 이야기입니다.

그럼 삼성전자는 어느 부문에 투자를 했을까요? 유출 금액이 큰 항목만 보면 됩니다.

- 유형자산 취득: 37.5조 원
- 단기금융상품: 20.3조 원
- 장기금융상품: 8.0조 원
- 무형자산 취득: 2.6조 원

유형자산 취득은 간단히 이야기하면 설비에 투자한 것을 말합니다. 하지만 삼성전자는 설비투자 외에도 여유자금이 많기 때문에 금융상품에 투자하기도 합니다. 현금을 놀릴 필요가 없기 때문입니다.

	제 52 기	제 51 기	제 50 기
투자활동 현금흐름	(53,628,591)	(39,948,171)	(52,240,453)
단기금융상품의 순감소(증가)	(20,369,616)	(2,030,913)	(12,366,298)
단기상각후원가금융자산의 순감소(증가)	184,104	(818,089)	(1,436,844)
단기당기손익-공정가치금융자산의 순감소(증가)	1,704,512	374,982	(139,668)
장기금융상품의 처분	12,184,301	4,586,610	255,850
장기금융상품의 취득	(8,019,263)	(12,725,465)	(7,678,654)
상각후원가금융자산의 처분	1,023,117	694,584	0
상각후원가금융자산의 취득	0	(825,027)	(158,716)
기타포괄손익-공정가치금융자산의 처분	32,128	1,575	16,211
기타포괄손익-공정가치금융자산의 취득	(245,497)	(63,773)	(456,134)
당기손익-공정가치금융자산의 처분	39,746	64,321	80,138
당기손익-공정가치금융자산의 취득	(84,184)	(135,826)	(193,848)
관계기업 및 공동기업 투자의 처분	0	12,149	148
관계기업 및 공동기업 투자의 취득	(83,280)	(12,778)	(51,226)
유형자산의 처분	376,744	513,265	556,973
유형자산의 취득	(37,592,034)	(25,367,756)	(29,556,406)
무형자산의 처분	7,027	7,241	11,935
무형자산의 취득	(2,679,779)	(3,249,914)	(1,020,517)
사업결합으로 인한 현금유출액	(49,420)	(1,019,405)	(99,108)
기타투자활동으로 인한 현금유출입액	(57,197)	46,048	(2,289)

무형자산 취득은 주로 기업 인수를 할 때 발생합니다. 기업을 인수하게 되면 장부 가치보다 더 큰 금액을 주는데 이를 '경영권 프리미엄'이라고 합니다. 경영권 프리머엄은 무형자산 취득으로 기록합니다.

앞서 살펴봤던 영업활동 현금흐름은 플러스가 되어야 좋습니다. 반면, 투자활동에서는 현금유출이 보편적입니다. 매년 설비투자를 집행해야 하기 때문입니다. 그래야 미래를 담보할 수 있으니까요. 설비투자 등을 하고도 현금이 남아돌 때는 금융상품 등에 자금을 운용할 수 있습니다.

재무활동 현금흐름: 기업의 자금조달과 상환 내역

마지막으로 재무활동 현금흐름표에 대해 알아보겠습니다. 모든 기업은 재무활동을 통해 자금을 조달하거나 부채를 상환하고, 배당금을 지급하거나 자사주를 매입하기도 합니다. 앞에 나왔던 표를 다시 보면서 삼성전자의 재무활동 현금흐름을 살펴봅시다.

52기 재무활동에서 현금 8.3조 원이 유출되었네요. 가장 큰 규모의 유출은 9.6조 원의 배당금 지급입니다. 단기차입금은 증가했고 사채 및 장기차입금은 일부 상환했음을 알 수 있습니다.

재무활동은 영업활동과 투자활동에서 자금의 과부족을 위해 필요합니다. 재무활동에서 현금 유입 요인은 자금의 차입, 회사채 발행, 유상증자, 자사주 처분 등이며, 현금 유출 요인으로는 차입금 상환, 미

	제 52 기	제 51 기	제 50 기
재무활동 현금흐름	(8,327,839)	(9,484,510)	(15,090,222)
단기차입금의 순증가(감소)	2,191,186	865,792	(2,046,470)
자기주식의 취득	0	0	(875,111)
장기차입금의 차입	14,495	0	3,580
사채 및 장기차입금의 상환	(864,947)	(709,400)	(1,986,597)
배당금의 지급	(9,676,760)	(9,639,202)	(10,193,695)
비지배지분의 증감	8,187	(1,700)	8,071
매각예정분류	(139)	0	0
외화환산으로 인한 현금의 변동	(833,861)	595,260	94,187
현금 및 현금성자산의 순증감	2,496,579	(3,454,506)	(204,625)
기초의 현금 및 현금성자산	26,885,999	30,340,505	30,545,130
기말의 현금 및 현금성자산	29,382,578	26,885,999	30,340,505

지급금 지급, 유상감자, 자기주식 취득, 배당금 지급 등이 있습니다.

잉여현금흐름이 중요한 이유

지금까지 현금흐름표를 구성하는 세 개 부문에 대해 간략히 살펴
봤습니다. 기업 내에서 돈이 어떻게 들어가고 나오는지 파악했다면

잉여현금흐름 = 영업활동 현금흐름 − 유형자산 투자

그다음으로 봐야 할 것이 바로 잉여현금흐름입니다. 잉여현금흐름은 현금흐름표에서 가장 중요한 개념입니다. 잉여현금흐름을 온전히 파악하면 현금흐름표 공부는 끝났다고 해도 과언이 아니죠. 단순하게 영업활동에서 유형자산(설비투자)을 빼면 잉여현금흐름이 계산됩니다.

그럼 삼성전자의 잉여현금흐름표를 한번 볼까요?

■ 표 2-22 | 삼성전자 잉여현금흐름 ■

(단위: 억 원)

	52기	51기	50기
영업활동현금흐름 (A)	652,870	453,829	670,318
유형자산 투자 (B)	375,920	253,677 2	95,564
잉여현금흐름 (A-B)	276,950	200,152	374,754

잉여현금흐름은 숫자 자체보다도 그 숫자가 어떤 의미를 갖는지 파악해야 합니다. 앞서 살펴봤던 기업의 세 가지 활동을 다시 한 번 상기해보겠습니다.

삼성전자는 52기에 영업활동을 통해 65.2조 원의 현금을 회사 내부로 유입시켰습니다. 영업활동으로 이만큼 현금을 만들어낸, 즉 현금을 창출한 것입니다. 이 돈으로 무엇을 할까요? 가장 먼저 투자활동을 할 것입니다. 37.5조 원을 투자활동에 사용해 현금이 유출됐고 그 결과 잉여현금흐름으로 27.7조 원이 남았습니다.

잉여현금흐름으로 무엇을 할 수 있을까요? 크게 세 가지를 할 수

삼성전자
잉여현금흐름 : 영업활동 현금흐름 − 설비투자 = 27.7조 원

영업활동	투자활동	재무활동
영업을 통한 현금 창출	설비투자 37.5조 원	부채 차입/상환
65.2조 원	금융자산 투자	유상증자
		배당금 지급

있습니다. 금융자산을 사거나 기업을 인수할 수 있습니다. 부채도 상환할 수 있고 배당금을 지급할 수도 있죠. 이렇게 하고도 현금이 남으면 회사에 현금이 증가합니다.

잉여현금흐름이 마이너스라고 가정해봅시다. 이 말은 영업활동으로 설비투자 금액을 충당할 수 없다는 것을 의미합니다. 이때는 자금 부족분을 메꾸기 위해 은행에서 자금을 빌려오거나 유상증자를 해야 합니다. 한마디로 부채비율이 증가하게 되거나 주주들에게 부담을 줄 수밖에 없다는 얘기죠. 잉여현금흐름이 마이너스이면 순이익이 나도 배당금을 주기가 쉽지 않습니다. 회사 보유 현금이 줄어들었기 때문입니다. 물론 자사주 매입도 어렵게 됩니다.

그러므로 기업의 자금 사정이 선순환을 하기 위해서는 반드시 잉

■ 표 2-23 | 삼성전자 잉여현금흐름 ■

(출처: 네이버 금융)

주요 재무 정보	연간							
	2016/12 (IFRS연결)	2017/12 (IFRS연결)	2018/12 (IFRS연결)	2019/12 (IFRS연결)	2020/12 (IFRS연결)	2021/12 (IFRS연결)	2022/12 (IFRS연결)	2023/12 (IFRS연결)
매출액	2,018,667	2,395,754	2,437,714	2,304,009	2,368,070	2,752,454	3,041,306	3,233,350
영업이익	292,407	536,450	588,867	277,685	359,939	531,451	633,255	669,013
영업이익 (발표기준)	292,407	536,450	588,867	277,685	359,939			
세전계속 사업이익	307,137	561,960	611,600	304,322	363,451	544,699	650,479	696,417
당기순이익	227,261	421,867	443,449	217,389	264,078	401,760	480,365	514,342
당기순이익 (지배)	224,157	413,446	438,909	215,051	260,908	397,049	474,519	508,234
당기순이익 (비지배)	3,104	8,422	4,540	2,338	3,170			
자산총계	2,621,743	3,017,521	3,393,572	3,525,645	3,782,357	4,091,225	4,490,458	49,913,530
부채총계	692,113	872,607	916,041	896,841	1,022,877	1,123,335	1,178,005	1,216,477
자본총계	1,929,630	2,144,914	2,477,532	2,628,804	2,759,480	2,967,890	3,312,452	3,697,053
자본총계 (지배)	1,864,243	2,072,134	2,400,690	2,549,155	2,676,703	2,873,711	3,203,605	3,569,467
자본총계 (비지배)	65,387	72,780	76,842	79,649	82,777			
자본금	8,975	8,975	8,975	8,975	8,975	8,979	8,979	8,978
영업활동 현금흐름	473,856	621,620	670,319	453,829	652,870	645,047	786,243	876,234
투자활동 현금흐름	−296,587	−493,852	−522,405	−399,482	−536,286	−465,213	−473,482	−444,540
재무활동 현금흐름	−86,695	−125,609	−150,902	−94,845	−83,278	−165,239	−115,000	−127,633
CAPEX	241,430	427,922	295,564	253,678	375,920	422,230	419,303	408,868
FCF	232,427	193,698	374,755	200,152	276,950	294,110	374,730	504,816
이자발생부채	152,824	188,140	146,671	184,120	202,174			
영업이익률	14.49	22.39	24.16	12.05	15.2	19.31	20.82	20.69

여현금흐름이 플러스(+)여야 합니다. 영업활동을 통해 만들어낸 현금으로 설비투자를 충당한 후에도 현금이 남아야 한다는 뜻입니다. 그렇지 않으면 자금 사정이 악화되죠. 그래서 현금흐름표를 볼 때는 가장 핵심적으로 잉여현금흐름이 플러스인지 확인해야 합니다. 증권사 보고서나 네이버 금융란을 보면 쉽게 파악할 수 있습니다.

기업의 세 가지 활동은 서로 연결되어 있다

지금까지 기업의 영업활동, 투자활동, 재무활동에 따른 현금흐름을 살펴봤습니다. 그런데 기업의 이 세 가지 활동은 동시에 진행되며 독립적이지 않고 서로 얽혀 있습니다. 영업활동이나 투자활동에 필요한 자금을 재무활동을 통해 조달하기도 하고, 영업활동을 통해 창출한 현금을 재무활동이나 투자활동에 사용하기도 하죠.

그렇다면 기업 내부에서 바람직한 자금의 흐름은 어떤 모습이어야 할까요? 사업 초기의 자금흐름부터 생각해봅시다. 먼저 회사를 설립할 때 재무활동을 통해 자금을 조달하고 → 투자활동에 이를 사용합니다. → 이후 영업활동으로 현금흐름을 만들어냅니다.

그런데 회사가 본격적으로 영업활동을 하게 되면 현금흐름이 바뀝니다. 영업활동을 하면서 현금을 기업 내부로 유입시키고 → 이 자금으로 설비투자를 하기도 하고 → 부채를 상환하거나 배당금을 지급하고 자사주를 매입하기도 합니다.

결론적으로 바람직한 현금흐름은 영업활동에서 창출된 현금이 투자활동에 소요되는 현금을 충당하고도 남아야 합니다. 이러한 잉여현금흐름이 창출되어야 재무활동에서 부채를 상환하거나 배당금을 지급할 수 있습니다. 가장 이상적인 현금흐름이죠. 따라서 현금흐름표를 볼 때 최우선적으로 확인해야 할 것은 잉여현금흐름이 있느냐 없느냐입니다.

만일 잉여현금흐름이 창출되지 못했다면 기업은 부채를 늘리거나 유상증자를 통해 자금을 조달해야 하는데 그러면 부채비율이 상승해

기업이 사업을 시작할 때 현금흐름표

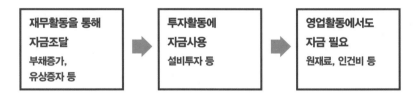

사업이 본 궤도에 오를 때 현금흐름표

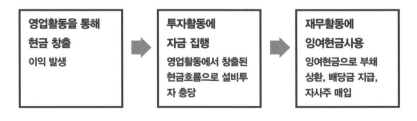

재무상태가 부실해지죠. 유상증자도 주주들에게 손을 벌리는 행위라서 바람직하지 못합니다. 잉여현금흐름이 존재한다는 것은 기업이 필요한 자금을 기업 내부에서 자체적으로 해결할 능력이 있다는 것을 의미합니다.

재무제표를 처음 접하는 분들은 재무상태표에서 자기자본이익률(ROE)을, 손익계산서에서 영업이익률(OPM)을 그리고 현금흐름표에서 잉여현금흐름(FCF)을 중심으로 보면 좋은 기업을 선별하는 눈을 가질 수 있게 될 것입니다.

이렇게 좋은 기업을 판별하는 능력을 키웠다면 이제는 좋은 가격에 주식을 사는 일이 남았습니다. 좋은 가격에 주식을 사는 것은 어느 시점에 주식을 사고팔지를 판단하는, 즉 시점 선택에 관한 문제입니다. 어떻게 해야 완벽한 매매 타이밍을 잡을 수 있을까요? 이는 기술적 분석을 통해 도움을 받을 수 있습니다. 조금 더 재무제표에 대해 공부한 후 이어지는 제3장에서 더 자세히 알아보도록 합시다.

감가상각비에 대한 이해

회계를 어렵다고 느끼는 분들이 많습니다. 회계에는 정해진 규칙과 회계 언어가 있습니다. 그런데 그 규칙과 언어가 많이 생소하다 보니 회계는 무조건 어렵다는 고정관념이 생긴 것이 아닌가 싶습니다.

하지만 모든 주식 투자자들이 회계를 속속들이 알 필요는 없습니다. 좋은 주식을 발굴하기 위한 수단으로서 재무제표를 이해할 수만 있으면 됩니다. 앞서 살펴봤듯이 영업이익률, ROE, 잉여현금흐름 이렇게 세 개 지표만 확인해도 주식투자에는 큰 지장이 없습니다. 세 가지 지표가 모두 좋은 종목이 좋은 기업입니다. 영업이익률이 높은 기업이 ROE와 잉여현 금흐름 또한 좋을 수밖에 없겠죠. 이런 기업을 찾아서 이들의 주가가 저 평가되었을 때 매수하는 것이 투자의 기본이라고 할 수 있습니다.

이 코너에서는 감가상각비에 대해 좀 더 깊이 들어가 보겠습니다. '감 가상각비'만 알면 회계 공부는 끝난다는 말이 있습니다. 그만큼 감가상각 비를 이해하는 것이 어렵다는 뜻인데, 사실상 규칙만 이해하면 그렇게 어 렵지 않습니다.

감가상각비를 한자로 쓰면 '減價償却費'입니다. '감가 + 상각비' 이렇 게 구성되어 있어요. 먼저 감가(減價)는 가치가 감소한다는 뜻입니다. 기업 이 보유한 유형자산은 시간이 지날수록 가치가 감소합니다. 유형자산은 형태가 있는 자산, 만질 수 있는 자산으로 토지, 컴퓨터, 기계장치, 건물 등이 여기에 해당합니다. 이 중에 토지만 가치가 감소하지 않습니다. 토지 는 항상 그대로지만 토지를 제외한 모든 유형자산은 가치가 감소합니다.

컴퓨터를 몇 년 쓰면 가치가 떨어지죠. 기계장치도 제품을 오래 사용하면 가치가 감소합니다. 건물도 시간이 지날수록 낡아갑니다. 이처럼 유형자산 대부분은 시간이 흐를수록 그 가치가 감소합니다.

컴퓨터를 100만 원에 샀다고 가정합시다. 처음 컴퓨터를 사면 재무상태표에 유형자산으로 100만 원의 가치가 있다고 기록합니다. 3년이 지난 후에 컴퓨터 가치는 장부 가치 대비 떨어집니다. 가치를 평가해보니 40만 원으로 떨어졌다고 하네요.

그렇다면 재무상태표 자산란에 컴퓨터 가치로 기록된 100만 원을 그대로 두는 것이 맞을까요? 아니면 감소한 부분을 반영해서 40만 원으로 고쳐서 써놓는 것이 맞을까요? 회계원칙에서는 가치가 감소한 부분을 반영해서 현재 가치로 수정하라고 합니다. 즉, 유형자산의 가치가 마모되면 이를 적정하게 평가해서 다시 자산에 기록해야 합니다.

참고로 재고자산도 시간이 흐르면 가치가 감소합니다. 패션 의류 회사가 봄옷을 이듬해 똑같은 가격에 팔기는 쉽지 않습니다. 시간이 지나면 헌 옷이 되니까요. 스마트폰도 마찬가지입니다. 신상품이 나오면 가치가 떨어집니다. 그런데 재고자산은 감가상각 대상이 아니고 재고자산 가치를 적정하게 평가해서 가치가 감소한 만큼 '재고자산 평가손실'로 처리합니다.

상각(償却)은 가치가 감소한 만큼 처리해주는 것을 의미합니다. 상각비(償却費)라는 말에서 알 수 있듯이 비용으로 처리해준다는 뜻입니다. 이 과정을 이해하기 쉽도록 도표로 살펴보겠습니다. 재무상태표, 손익계산서, 현금흐름표가 서로 연결되어 있으므로 세 개 재무제표를 같이 보도록 합시다.

(1) 회사에서 설비투자를 하면서 현금을 주고 기계장치를 100억 원에 샀

습니다. 회사에서 보유한 현금이 100억 원 감소합니다. 이를 −100으로 표기했습니다. 대신 기계장치가 100억 원 증가합니다. 현금이 기계로 바뀐 것일 뿐이므로 재무상태표의 자산총계에는 변화가 없습니다.

손익계산서에도 변화가 없습니다. 기계를 가동해서 매출이 발생해야 손익이 변하는 것이므로 처음 기계를 살 때는 변화가 없습니다. 현금흐름표에서는 투자활동으로 현금이 100억 원이 유출됩니다. 이는 회사가 보유한 현금이 100억 원 줄어들었다는 것을 의미합니다.

재무상태표		손익계산서	현금흐름표
자산	부채		영업현금흐름
현금 −100			
			투자현금흐름
기계 100			
	자기자본		유형자산취득 −100
자산총계	부채+자본총계		재무현금흐름
			현금증감 −100

(2) 1년이 지나서 기계장치의 가치가 10억 원 감가되었습니다. 감가상각비로 처리해야 합니다. 자산 항목에서 기계장치를 90억 원으로 조정해줍니다. 자산이 감소했습니다. 동시에 손익계산서의 매출원가 항목에 비용으로 10억 원을 처리합니다. 기업이 영업을 해서 이익을 내면 손익계산서가

변합니다. 그런데 보유하고 있는 자산가치가 변동해도 손익에 영향을 미칩니다. 이를 반영해주는 것입니다.

그렇다면 현금흐름에는 변화가 있을까요? 없습니다. 자산가치가 감소했다고 해서 현금이 유출된 것은 아니기 때문입니다. 기계장치를 구입할 때 이미 현금이 유출되었고 기계장치의 가치가 감소한다고 해도 현금이 빠져나가는 것은 아니니까요. 이 내용을 반영하면 재무제표는 다음과 같이 변합니다.

재무상태표		손익계산서		현금흐름표
자산	**부채**			영업현금흐름
현금 −100		감가상각비 −10		
				투자현금흐름
기계 ~~100~~				
90	자기자본			
	이익잉여금 −10			재무현금흐름
자산총계	부채+자본총계−10	순이익 −10		현금증감

기계장치 감소분만큼 자산이 감소했고, 이는 순이익 감소 요인입니다. 그리고 결산회계 때 순이익은 재무상태표의 이익잉여금 계정으로 이동합니다. 이로써 재무상태표의 좌변과 우변이 같아집니다.

이왕에 한 김에 회계 연습을 몇 가지 더 해봅시다. 기업이 배당금을 50억 원 지급했을 때 재무제표는 어떻게 변할까요? 배당금으로 50억 원을 현금으로 지급하면 기업이 보유한 현금이 그만큼 줄어듭니다. 동시에 배당금 재원은 이익잉여금 항목이기 때문에 여기서 50억 원이 감소합니다. 손익계산서에서는 변화가 없고 현금흐름에서는 50억 원이 유출됩니다.

재무상태표		손익계산서	현금흐름표
자산	**부채**		**영업현금흐름**
현금　　　−50			
			투자현금흐름
	자기자본		
			재무현금흐름
	이익잉여금　−50		배당금　　　−50
자산총계　−50	**부채+자본총계 −50**		**현금증감　　−50**

또 다른 예로 기업이 단기금융상품 100억 원을 매입했을 경우 재무제표가 어떻게 변하는지 보겠습니다. 자산에서는 현금이 금융상품으로 변한 것일 뿐이므로 자산총계 변화는 없습니다. 금융상품 매입 시점에는 손익계산서에도 변화가 없습니다. 현금흐름표에서는 투자활동에서 현금이 100억 원 유출되었습니다.

재무상태표		손익계산서	현금흐름표
자산	**부채**		**영업현금흐름**
현금 −100			
금융상품 100			
			투자현금흐름
	자기자본		금융상품 −100
			재무현금흐름
자산총계	**부채+자본총계**		현금증감 −100

    금융상품 매입 후에 1년이 지나서 이자를 10억 원 수령했습니다. 이때 재무제표는 어떻게 변할까요? 손익계산서에 금융수익이 10억 원 발생합니다. 순이익 증가 요인입니다. 순이익은 결산기에 이익잉여금 계정으로 이동합니다. 그리고 현금으로 수령했으니 자산에서 현금 10억 원 증가하죠. 현금흐름표에서는 영업현금흐름 칸에 이자 수취로 10억 원을 기록합니다.

재무상태표		손익계산서	현금흐름표
자산	**부채**		**영업현금흐름**
현금 10			이자수취 10
		금융수익 10	**투자현금흐름**
	자기자본		
	이익잉여금 (10)		**재무현금흐름**
자산총계 10	부채+자본총계 10	순이익 (10)	현금증감 10

이런 식으로 어떤 회계적인 사건이 발생하면 재무제표 세 개가 같이 변합니다. 재무제표가 복잡해 보이지만 회계원칙에 의해 기록되는 표일 뿐이라고 단순하게 생각하시면 편합니다. 또한 계속 강조하듯이 재무제표 회계처리에 대해 너무 세세하게 알 필요도 없습니다. 이보다는 재무제표 에서 중요한 지표를 읽어내는 것이 중요하죠.

재무제표 읽기는 주식투자에 필요한 중요 항목들의 변화와 이것의 의 미를 분석하는 행위입니다. 예컨대 영업이익률은 재무제표에서 금방 계산 할 수 있습니다. 영업이익률이 전년 대비 크게 하락했다면 왜 하락했는지 파악하면 됩니다. 초보 투자자들에게는 그 정도만 해도 충분합니다.

영업이익률이 하락했다는 사실을 알게 되었다면 그때부터 뉴스나 증 권사 애널리스트가 쓴 보고서, 각종 산업자료 등을 활용해서 하락 이유를 파악해야 합니다. 이런 자료들을 보면서 매출원가율이 높아졌다든가, 인건비가 증가해서 영업이익률이 하락했다든가 하는 분석을 할 수 있습니다. 물론 이런 분석적인 지식도 천천히 쌓아 나가면 됩니다. 투자 초기에는 영업이익률, ROE, 현금흐름표가 갖는 의미만 온전히 이해해도 충분하다고 봅니다.

사업보고서에서 감가상각비 보는 법

빅데이터 사업을 하는 쿠콘의 사업보고서를 살펴보면서 감가상각비에 대해 더 자세히 알아봅시다. 2021년 1분기말 감가상각비는 사업보고서 주석란에 나와 있습니다. 쿠콘의 유형자산 취득원가 합계가 205.5억 원이고 감가상각 누계액이 94.8억 원입니다. 쿠콘이 설립되면서 지금까지 유형

■ 표 2-24 │ 쿠콘의 2021년 1분기말 유형자산 규모 ■

〈당분기말〉(단위 : 원)

구분	취득원가	감가상각누계액	장부가액
토지	2,475,966,465	–	2,475,966,465
건물	2,962,551,035	(215,115,973)	2,747,435,062
기계장치	156,109,950	(156,109,950)	–
차량운반구	44,049,213	(13,214,762)	30,834,451
비품	13,840,597,638	(8,285,778,959)	5,554,818,679
시설장치	1,072,356,209	(813,947,935)	258,408,274
합계	20,551,630,510	(9,484,167,579)	11,067,462,931

■ 표 2-25 | 쿠콘의 2021년 1분기말 감가상각비 ■

〈당분기〉 (단위 : 원)

구분	기초	취득	처분	감가상각비	대체	환율변동에 의한 증감	분기말
토지	2,475,966,465	–	–	–	–	–	2,475,955,465
건물	2,765,951,002	–	–	(18,515,940)	–	–	2,747,435,062
차량운반구	90,889,135	–	–	(2,202,460)	(60,271,595)	2,419,371	30,834,451
비품	5,828,176,432	219,716,922	–	(558,896,097)	60,972,098	4,849,324	5,554,818,679
시설장치	297,527,394	–	–	(38,446,736)	(700,503)	28,119	258,408,247
합계	11,458,510,428	219,716,922	–	(618,061,233)	–	7,296,814	11,067,462,931

자산에 투자한 총액이 205.5억 원이고 그동안 매년 해온 감가상각 합계가 94.8억 원이라는 이야기입니다. 따라서 현재 쿠콘의 유형자산 장부가액은 110.6억 원입니다.

쿠콘의 2021년 1분기 감가상각비는 6.1억 원입니다. 연간으로 추정하면 24억 원이 됩니다. 제조업이 아니라서 기계장치 등이 없지만 비품 비용이 큰 편에 속합니다. 이는 쿠콘의 사업내용과 관련이 깊습니다.

영업이익 대비 감가상각비를 비교해볼 필요가 있습니다. 감가상각비가 비용 전체에서 큰 비중을 차지하는지, 혹은 최근 차지하는 비중이 얼마나 달라졌는지도 살펴봐야 합니다. 또 감가상각비와 유형자산 투자를 대비해볼 필요도 있죠. 즉, 감가상각비 범위 내에서 유형자산 투자를 지속하면서 꾸준히 매출을 성장시키고 영업이익률을 유지하는 기업이 좋은 기업입니다.

〈표 2-26〉은 증권사에서 예측한 삼성전자의 현금흐름표입니다. 유형자산 상각비와 설비투자 내역, 추정치가 나옵니다. 삼성전자는 매년 감가상각비를 초과하는 설비투자를 진행합니다. 그런데도 잉여현금흐름이 계

속해서 증가하는 걸 확인할 수 있죠. 대한민국을 이끄는 가장 큰 기업의 저력을 이 현금흐름표를 통해 느낄 수 있습니다.

■ 표 2-26 │ 삼성전자의 현금흐름표 예측 ■

12월 결산 (10억 원)	2019	2020	2021F	2022F	2023F
영업활동으로인한현금흐름	45,382.9	65,287.0	78,013.7	76,455.8	79,259.0
당기순이익	21,738.9	26,407.8	39,425.7	50,294.0	49,331.5
유형자산 상각비	26,573.8	27,115.7	29,640.5	32,253.8	35,580.4
무형자산 상각비	3,023.8	3,219.9	3,048.0	3,083.9	3,120.2
외화환손실(이익)	0.0	0.0	0.0	0.0	0.0
자산처분손실(이익)	(207.9)	(109.3)	(109.3)	(109.3)	(109.3)
지분법, 종속, 관계기업손실(이익)	(413.0)	(506.5)	(506.5)	(506.5)	(506.5)
운전자본변동	(2,545.8)	122.4	6,515.2	(8,560.2)	(8,157.4)
(법인세납부)	(13,221.1)	(4,770.4)	(14,389.9)	(18,872.3)	(18,123.9)
기타	10,434.2	13,807.4	14,390.0	18,872.4	18,124.0
투자활동으로인한현금흐름	(39,948.2)	(53,628.6)	(57,555.5)	(63,346.9)	(42,784.0)
유형자산의증가(CAPEX)	(25,367.8)	(37,592.0)	(40,517.6)	(44,219.4)	(37,941.3)
유형자산의 감소	513.3	376.7	495.0	534.3	577.9

12월 결산 (십억원)	2019	2020	2021F	2022F	2023F
무형자산의 감소(증가)	(3,242.7)	(2,672.8)	(3,482.4)	(3,534.3)	(3,274.5)
투자자산의 감소(증가)	(707.9)	2,570.6	(737.1)	(830.0)	293.4
기타	(11,143.1)	(16,311.1)	(13,313.4)	(15,297.5)	(2,439.5)
FCF	18,615.1	27,449.7	27,980.0	31,592.1	48,100.8
재무활동으로 인한현금흐름	(9,484.5)	(8,327.8)	(19,786.6)	(11,050.1)	(13,221.1)
차입금의증가 (감소)	156.4	1,340.7	694.1	797.2	(15.3)
자기주식의처 분(취득)	0.0	0.0	0.0	0.0	0.0
배당금	(9,639.2)	(9,676.8)	(20,480.7)	(11,847.2)	(13,205.8)
기타	(1.7)	8.3	0.0	(0.1)	(0.0)
기타현금흐름	0.0	(0.1)	866.8	1,787.1	1,787.1
연결범위변동으 로인한 현금의 증가	0.0	0.0	0.0	0.0	0.0
환율변동효과	595.3	(833.9)	0.0	0.0	0.0
현금의증가 (감소)	(3,454.5)	2,496.6	1,538.3	3,846.0	25,041.0
기초현금	30,340.5	26,886.0	29,382.6	30,920.9	34,766.8
기말현금	26,886.0	29,382.6	30,920.9	34,766.8	59,807.8

실전 투자에 필요한 재무제표 단계별 활용법

이 장을 마치기 전에 실제 투자에서 어떻게 재무제표를 활용해야 하는지를 단계별로 살펴보겠습니다.

먼저 1단계에서는 무엇보다 투자 대상 종목을 잘 선정해야 합니다. 영업이익률과 ROE가 동시에 높고 현금흐름이 우수한 기업을 찾아서 관심 종목으로 구성합니다. 종목 풀은 결산 실적이 발표될 때마다 계속해서 변하기 때문에 주기적으로 재구성해야 합니다.

그다음 2단계에서는 관심 종목의 주가 흐름을 추적해서 목표 주가에 올 때 매수합니다. 기술적 분석으로 매매 시점을 선택합니다. 사전에 차트상에서 언제 살지, 언제 팔아야 할지를 결정해놓고 있어야 합니다(이에 대해서는 뒤에서 더 자세히 설명할 예정입니다).

다음 3단계에서는 포트폴리오를 구성하고 관리합니다. 이때 포트폴리오를 구성할 최대 종목 수, 한 종목당 비중 및 투자 금액, 현금 보유 비중을 결정해야 합니다. 그리고 청산 및 리밸런싱 전략을 구체적으로 수립해놓고 있어야 합니다.

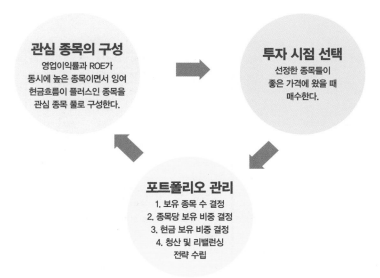

실전 투자에서의 재무제표 활용 및 포트폴리오 관리

관심 종목의 구성
영업이익률과 ROE가
동시에 높은 종목이면서 잉여
현금흐름이 플러스인 종목을
관심 종목 풀로 구성한다.

투자 시점 선택
선정한 종목들이
좋은 가격에 왔을 때
매수한다.

포트폴리오 관리
1. 보유 종목 수 결정
2. 종목당 보유 비중 결정
3. 현금 보유 비중 결정
4. 청산 및 리밸런싱
전략 수립

앞서 강조했듯이 투자의 핵심은 경제적 해자가 있는 좋은 기업을 고르고, 그 기업이 좋은 가격에 왔을 때를 공략해서 이익을 취하는 전략에 있습니다. 코웨이의 사례를 통해 실전에서 재무제표를 투자에 활용하는 법을 알아보겠습니다.

코웨이의 사례로 살펴보는 실전 투자 전략

다음은 네이버 금융에 올라온 코웨이의 재무분석표입니다. 2022

■ 표 2-27 | 코웨이의 영업이익률과 ROE ■

(출처: 네이버 금융)

주요재무정보	최근 연간 실적				최근 분기 실적					
	2018.12	2019.12	2020.12	2021.12(E)	2020.03	2020.06	2020.09	2020.12	2021.03	2021.06(E)
	IFRS연결	IFRS연결	IFRS연결	IFRS연결	IFRS연결	IFRS연결	IFRS연결	IFRS연결	IFRS연결	IFRS연결
매출액(억원)	27,073	30,189	32,374	36,098	7,689	8,055	8,004	8,626	8,790	8,964
영업이익(억원)	5,198	4,583	6,064	6,570	1,389	1,692	1,686	1,298	1,707	1,650
당기순이익(억원)	3,498	3,322	4,047	4,724	1,016	1,189	1,168	674	1,258	1,196
영업이익률(%)	19.20	15.18	18.73	18.20	18.06	21.00	21.07	15.05	19.42	18.40
순이익률(%)	12.92	11.00	12.50	13.09	13.21	14.76	14.59	7.82	14.31	13.35
ROE(%)	33.84	30.74	31.51	28.54	30.12	29.51	27.95	31.51	31.48	
부채비율(%)	118.71	165.04	103.29		148.61	130.78	115.75	103.29	121.22	
당좌비율(%)	59.35	41.22	53.82		46.18	52.09	54.49	53.82	76.50	
유보율	2,697.25	2,671.88	3,720.78		2,920.60	3,251.51	3,535.01	3,720.78	3,809.24	
EPS(원)	4,735	4,511	5,486	6,404	1,377	1,612	1,583	914	1,705	1,588
PER(배)	15.65	20.64	13.25	13.32	12.77	15.18	16.39	13.25	11.27	54.02
BPS(원)	15,074	14,931	20,554	25,083	16,462	18,100	19,700	20,554	21,116	
PBR(배)	4.92	6.24	3.54	3.40	3.51	3.99	4.03	3.54	3.10	

년 영업이익률이 18.2%, ROE가 28.54%로 높게 나타납니다. 영업활동 현금흐름, 설비투자(CAPEX), 잉여현금흐름(FCF)도 한번 확인해봅시다.

■ 표 2-28 | 코웨이의 현금흐름 ■

(출처: 네이버 금융)

주요 재무정보	연간				분기		
	2018/12 (IFRS연결)	2019/12 (IFRS연결)	2020/12 (IFRS연결)	2021/12(E) (IFRS연결)	2020/09 (IFRS연결)	2020/12 (IFRS연결)	2021/03 (IFRS연결)
영업활동 현금흐름	5,391	5,393	5,628	8,580	1,515	−756	1,216
투자활동 현금흐름	−3,935	−3,831	−3,231	−4,255	−1,419	1,102	−733
재무활동 현금흐름	−1,868	−1,649	−1,816	−912	−102	−1,100	1,291
CAPEX	4,003	3,906	3,252	3,614	1,342	−1,097	649
FCF	1,389	1,486	2,376	5,758	172	341	566

재무제표에서 확인해야 할 가장 중요한 세 개 지표인 영업이익률, ROE, 잉여현금흐름이 모두 좋습니다. 투자 대상으로 결정해도 좋다는 이야기입니다.

결정이 내려졌으면 이제 포트폴리오에서 얼마를 투자할지 결정해야 합니다. 총 3,000만 원을 투자자산으로 운용한다고 가정합시다. 가장 먼저 현금 보유 비중을 결정해야 하겠죠? 30%를 현금으로 보유할 경우 900만 원은 주식 매수에 투입할 수 없습니다. 유사시를 대비해서 보유하는 현금이니까요. 나머지 2,100만 원을 실전 투자에 사용할 수 있습니다. 최대 10종목을 편입하겠다고 한다면 종목당 210만 원을 투자할 수 있겠네요. 투자 금액이 확정되었으니 코웨이가 좋은 가격에 올 때를 기다려야 합니다.

좋은 가격이란 무엇인가?

좋은 종목이라고 해서 가격에 상관없이 매수할 수는 없습니다. 좋은 가격에 사는 게 가장 좋겠죠. 그렇다면 좋은 가격은 무엇을 의미할까요? PER이 낮다, PBR이 1배 이하, 미래에 예상되는 이익 대비 PER이 낮다, 경쟁사 대비 PER이 낮다, 고점 대비 주가가 많이 하락했다 등등 여러 기준이 존재합니다.

좋은 가격에 대한 판정은 크게 두 가지로 할 수 있습니다.

- **가치분석: PER, PBR, EV/EBITDA, PEG 등 비율을 이용해서 절대적 저평가 여부를 판단**
- **가격 위치: 역사적 고점 대비 등을 통한 상대적 가격 위치 판단**

가치투자자들은 PBR, PER, PSR(주가매출비율) 등 지표를 통해 현재 주가가 저평가 및 고평가됐는지를 판단합니다. 예컨대 PBR 지표가 1배라는 의미는 순자산가치 대비 주가가 저평가라는 의미죠. 가치투자자는 PBR이 0.6배 이하면 안전마진이 확보된 기업이라고 판단하기도 합니다. 이렇게 지표들을 통해 저평가라고 판단될 경우 매수하는 전략이 있습니다. 이런 전략을 취할 때는 현재의 가격이 좋은 가격이죠. 현재 실적은 좋지 않더라도 앞으로 이익이 많이 날 거라고 판단하는 겁니다. 이때는 예측의 정확성이 중요하겠습니다.

이와 달리 주가 흐름을 이용한 상대적 기준으로 투자 판단을 하는 방법도 있습니다. 역사적으로 PER 배수를 어떻게 부여해왔는지를 보고 판단하는 경우입니다. 다음은 2차전지에 들어가는 핵심 소재를 생산하는 기업인 에코프로비엠의 PER 위치입니다.

■ 그림 2-7 | 에코프로비엠의 12개월 선행 PER 밴드 차트 ■

(출처: 신한증권, 2021. 07. 16)

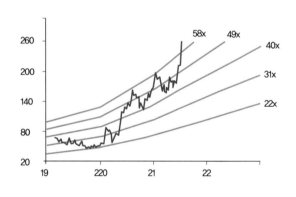

에코프로비엠의 역사적인 PER 흐름을 보면 22배가 하한선이고 최고 58배까지 간 적이 있네요. 시장 평균 PER과 비교해봤을 때 에코프로비엠의 PER은 매우 높은 수준입니다. 에코프로비엠의 주식을 신규 매수한다면 어느 가격대가 적절할까요?

다음 장에서 더 자세히 설명할 예정이지만 볼린저 밴드를 통해서도 주가 위치를 파악할 수 있습니다. 주가가 볼린저 밴드 하단과 상단 사이에서 움직일 확률이 95.4%입니다. 여기에 착안해서 주가가 볼린저 밴드 상단에 왔을 때 고평가라고 판단해서 매도하고, 하단에 오면 상대적으로 저평가 영역에 왔기 때문에 매수하는 전략을 취할 수 있

■ 그림 2-8 | 코웨이의 볼린저 밴드 추이 ■

습니다. 기업의 가치보다는 주가의 위치를 참고하는 방법입니다.

기업의 가치는 이미 1단계에서 영업이익률, ROE, 잉여현금흐름 등으로 충분히 선별했기 때문에 볼린저 밴드를 통해 상대적인 저점을 확인하는 투자 전략이라고 할 수 있습니다.

사실 초보 투자자들이 기업의 가치평가를 하기는 쉽지 않습니다. 예컨대 PER이 저평가된 기업을 매수하겠다는 전략을 생각해봅시다. 과거 실적에 근거한 PER은 효용이 떨어집니다. 투자자들은 과거 실적보다는 미래 실적을 중요시하기 때문입니다. 그렇다면 미래 실적에 대한 예측이 과연 얼마나 정확할까요? 설령 PER을 기준으로 저평가라는 판정이 났다고 해도 저평가 상태가 지속되면서 주가가 오랫동안 오르지 않을 가능성도 있습니다.

물론 이러한 기업가치 평가를 통한 투자가 무의미하다는 이야기는 절대로 아닙니다. 다만 직장인이나 초보 투자자 입장에서 볼 때, 이런 전문적인 가치평가를 하는 작업에는 상당한 지식과 시간이 많이 소요된다는 문제가 있습니다. 가치평가 방식을 활용하기에는 현실적으로 쉽지 않은 것이 사실이죠. 이런 측면에서 직장인들은 역사적 PER 밴드에서의 주가 위치, 볼린저 밴드에서의 위치, 이동평균선을 통한 주가 위치 등을 좋은 가격 찾기에 활용하는 것이 바람직하다고 봅니다.

언제 팔아야 할까?

매수보다 매도가 항상 어렵습니다. 명쾌한 청산 원칙이 없을 때는 혼돈 상황에 빠지면서 원칙을 어길 가능성이 높죠. 〈그림 2-9〉를 보면 하단(A)에서 매수한 후에 상단(B)에서 전량 매도할 경우 그 이후 큰 추세를 통해 이익을 얻기 어렵습니다. 볼린저 밴드의 최대 단점은 이 같은 추세 장세에서 큰 이익을 취하기 어렵다는 점입니다. 따라서 이를 보완하는 전략이 필요합니다.

매수는 볼린저 밴드 하단에서 기계적으로 분할매수 하면 됩니다. 청산 시에도 역시 분할매도를 하는 것이 좋습니다. 예를 들어 주가가 볼린저 밴드 상단에 도달하면 보유 물량의 50%를 청산하고 나머지 50%는 이익을 키우기 위해 보유하는 전략을 취하는 것이지요. 이때에도 미리 청산 원칙을 확실하게 정해놓아야 합니다. 주가가 볼린저

■ 그림 2-9 | 볼린저 밴드로 보는 코웨이의 매도 시점 ■

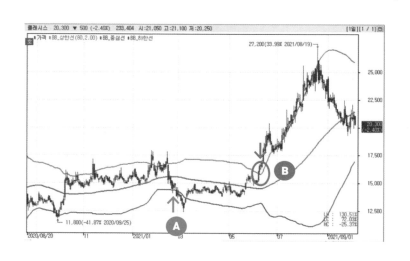

밴드 중앙선까지 밀리면 나머지 보유 물량을 전부 매도한다든지, 상승할 때는 20일 이동평균선을 깼을 때 전량 매도하겠다든지 하는 각자의 청산 전략을 미리 확립해놓아야 합니다.

이런 식으로 재무제표를 통해 기업을 파악하고 기술적 분석으로 매매 시점 전략을 짤 수 있습니다. 이제 제3장에서 이후의 이야기를 더 풀어나가겠습니다.

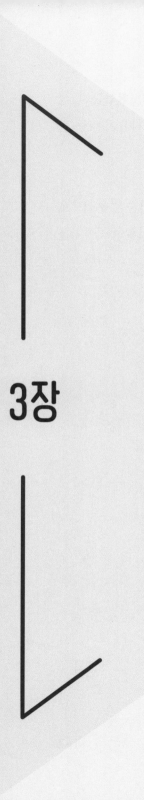

3장

최적의 매매 타이밍을 잡는 법: 기술적 분석으로 주가 패턴 파악하기

좋은 주식을
어떻게 싸게 살 수 있을까?

버블과 추락의 반복 속에서 기회를 잡는 사람들

제2장에서 재무제표 분석으로 좋은 기업을 찾는 방법에 대해 공부했습니다. 좋은 기업을 찾았다면 이제 좋은 가격일 때 주식을 매수해야 하겠죠. 이번 장에서는 기술적 분석을 통해 좋은 가격이 무엇인지 알아보겠습니다.

기술적 분석은 기업의 사업 내용이나 실적보다는 주가의 흐름을 중요시합니다. 기술적 분석가들은 차트의 과거 흐름을 연구해보면 미래를 볼 수 있다고 주장합니다. 과거의 주가 패턴에서 미래의 흐름을 유추할 수 있다는 의미죠.

이는 '역사는 반복된다'는 관점과 비슷합니다. 주식시장에서 투자자들은 흥분과 공포 사이를 오갑니다. 튤립 파동으로 경을 치고도 다시 미시시피 버블이 만들어지고, 뒤이어 번영과 대공황이 발생하니 말입니다. 버블과 추락의 반복에서 기술적 분석가들은 기회를 포착할 수 있다고 주장합니다.

이러한 반복되는 투자의 역사를 통해 기술적 분석가들은 주가의 패턴을 연구해서 미래를 예측하고자 합니다. 이에 반해 기본적 분석가들은 주가 흐름을 예측하는 것은 불가능하다고 주장하지요. 기본적 분석가들은 차라리 기업 정보들을 더 연구해서 좋은 기업이 저평가됐을 때 사서 보유하는 것이 낫다고 합니다.

이렇듯 기본적 분석과 기술적 분석의 논쟁은 끝이 없습니다. 기본적 분석은 기업의 가치가 종내에 주가를 결정한다는 주장이고, 기술적 분석은 인간의 심리가 반영된 주가의 패턴 분석을 통해 좋은 매매 시점을 찾을 수 있다고 주장합니다.

기본적 분석은 기업의 본질적인 가치를 추구하는 영역이고, 기술적 분석은 주가 움직임에 녹아 있는 투자자들의 심리에 주목하는 영역입니다. 서로 다른 성격을 가진 분석 방법이지만 정답은 없습니다. 우리는 이 두 가지 분석 방법 모두를 투자 판단에 유용하게 사용하기만 하면 됩니다.

과거의 패턴으로 미래를 예측하다

기술적 분석의 이론적 기반은 다음 두 가지로 요약할 수 있습니다.

1) 모든 정보가 즉시 가격에 반영되고, 시장 참여자들의 의견이 신속하게 주가에 반영된다.

2) 가격은 패턴을 보이면서 움직인다. 과거 패턴을 연구하면 미래를 알 수 있다.

기술적 분석가들에 따르면 시장 참여자들은 어떤 기업에 대한 정보를 알게 되면 이를 즉각적으로 시세에 반영한다고 주장합니다. 하지만 과연 그럴까요? 정보 비대칭이 없을까요? 실제로는 모든 정보가 즉시 주가에 반영되지도 않을뿐더러 정보를 알았다고 해서 곧바로 반응하지도 않고, 정보는 참여자들에게 비대칭적으로 전달됩니다.

기술적 분석 기법을 받아들이려면 정보가 주가에 신속하게 반영된다는 전제를 수용해야 합니다. 이러한 주장을 '효율적 시장가설(efficient market hypothesis)'이라고 합니다. 모든 시장 참여자가 완벽한 정보를 가지고 있을 때 자산 가격이 균형에 도달한다는 가설이죠.

버핏은 효율적 시장가설에 반대합니다. 만일 시장이 효율적이라면 주식을 분석할 이유가 없다고 하면서요. 투자자들이 시장의 평균적인 수익률을 이기기는 어려우므로 지수 등락을 추종하는 인덱스 펀드에 투자하면 그만이라고요. 버핏을 위시해서 장기적으로 시장 수익률을 크게 이기는 투자자들이 효율적 시장가설이 잘못됐음을 반증

하는 검은 백조(블랙 스완)로 등장하기도 했습니다.

그럼에도 기술적 분석가들은 과거의 주가 패턴을 분석해서 미래의 주가를 예측할 수 있다고 합니다. 인간의 행동 패턴은 쉽게 변하지 않고 어떤 상황이 나타나면 특정한 행동이 따라오는 경향이 있기 때문입니다.

기술적 분석가는 주가 움직임에 삼각수렴형 패턴이 나타나면 이를 곧 다가올 변동성 확대의 신호로 해석합니다. 또 주가가 볼린저 밴드 하단에 오면 다시 볼린저 밴드 상단으로 주가가 움직일 가능성이 높다고 합니다. 이는 경험론적 관점에서 주가 움직임이 그렇게 진행될 확률이 높다는 것이죠. 물론 이러한 패턴이 100% 맞지는 않지만 높은 확률이라는 점을 중요시합니다. 이와 같은 주가 움직임의 특성을 이용해 특정 패턴이 나오면 거기에 맞게 대응하면 돈을 벌 수 있다고 이들은 말합니다.

기술적 분석의 논리적 기반

또한 기술적 분석가들은 차트에 인간의 심리가 녹아 있다고 주장합니다. 탐욕이 극대화될 때 투자자들은 묻지 마 매수를 합니다. 그리고 주가가 급락할 때 공포에 질려 투매를 하죠. 이러한 패턴은 계속 되풀이됩니다. 기술적 분석가들은 투자자들의 이러한 심리를 차트를 통해 읽어내고 이와 반대로 행동하면 돈을 벌 수 있다고 합니다.

기술적 분석가들의 말처럼 시장 정보가 주가에 신속하고 효율적으로 반영되고, 과거 차트의 패턴 분석을 통해 미래를 예측하는 것이 도

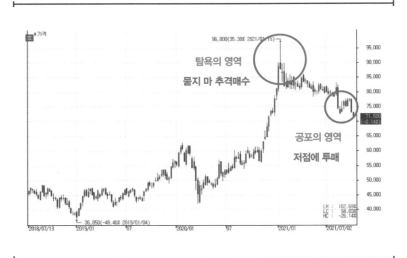

움이 될까요? 미래는 과거의 반복이 아닙니다. 그럼에도 불구하고 인간의 감정은 일정한 반응 패턴이 있고, 이러한 감정이 만들어내는 주가 역시 패턴을 가집니다. 이 때문에 버블과 패닉이 항상 반복된다고 말할 수 있는 것이겠죠. 과거 주가 패턴을 조사해본 결과 일정한 패턴이 나오면 주가가 크게 꺾이거나 상승하는 경우가 많다는 것을 경험적으로 확인했기 때문입니다. 이것이 기술적 분석의 논리적 기반입니다.

기술적 분석에는 주가 패턴 분석, 지지와 저항선 찾기, 이동평균선, 볼린저 밴드, 일목균형표 등 기술적 보조지표를 이용한 매매 시점을 포착하는 방법들이 있습니다. 여기서는 지지와 저항선 찾기, 주가 패턴 분석, 볼린저 밴드를 중심으로 기술적 분석에 대해 살펴보겠습니다.

지지선과 저항선: 막히느냐 돌파하느냐

기술적 분석의 핵심은 지지선과 저항선 찾기라고 해도 과언이 아닙니다. 주가가 계속해서 하락할 때 지지선에 와서 주가를 지탱해주면 반등하게 된다는 논리입니다. 반대로 주가가 상승하다가 저항선에 닿게 되면 이 저항선을 돌파하는지, 넘어서지 못하는지가 중요합니다. 한마디로 지지선과 저항선은 주가의 방향성을 결정짓는 변곡점과도 같습니다.

삼성전자 차트를 보면서 지지선과 저항선 개념을 자세히 이해해봅시다.

삼성전자는 2020년 1월 6만 원대 초반에서 고점을 형성한 후에 하락했습니다. 이후 다시 상승하면서 10월에 1월의 전고점 부근에 도달했습니다. 이때 전고점이 저항선이 됩니다. 주가가 저항선을 넘어서면 상승세를 지속하지만 저항선을 넘지 못할 때도 있습니다.

1월에 매수했던 투자자들은 몇 개월간을 손실의 고통 속에서 보냈기 때문에 본전 가격에 왔을 때 주식을 매도하는 포지션을 취하기도 합니다. 따라서 이러한 투자자들이 내놓는 매물을 흡수하면서 이를 넘어서는 매수세가 나와야 주가는 전고점을 돌파하게 됩니다. 때문에 전고점은 항상 중요한 변곡점입니다.

화장품 브랜드 네오팜의 주가를 보면 2018년 초 63,000원대에서 고점을 형성한 뒤에 지속적으로 하락해 4만 원대까지 떨어졌습니다. 이후 다시 상승했지만 전고점을 돌파하지 못하고 저항을 받으면서 하락하는 모습을 볼 수 있습니다. 전고점이 저항선으로 작용한 것이죠. 2019년 말까지 차트를 보면 지지선과 저항선이 명확하게 보입니다. 일명 박스권이라고도 부릅니다. 4만 원이 지지선, 6만 원이 저항선인 박스권이 만들어졌습니다. 하지만 2020년에 들어서면서는 지지선이던 4만 원마저 무너지면서 큰 폭의 하락이 나왔습니다. 지지선이 제 역할을 해주지 못했기 때문입니다.

■ 그림 3-3 | 네오팜 주가 차트 ■

지지와 저항을 볼 때 유념해야 할 것이 있습니다. 지지선이 무너지면 그 이후부터는 그간의 지지선이 저항선으로 변한다는 사실입니다. 지지선 부근에서 주식을 매수했던 투자자들이 주가가 반등할 경우 매물로 내놓을 가능성이 높기 때문입니다. 반대로 저항선을 돌파해서 주가가 상승할 때는 그간의 저항선이 지지선으로 역할이 변하게 됩니다.

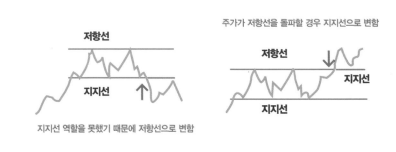

또 다른 예로 네이버의 주가 차트를 한 번 보겠습니다. 네이버는 2014년부터 2020년 상반기까지 장기 박스권에 머물렀습니다. 그러나 코로나19로 팬데믹이 발생하고 언택트 소비가 늘자 이커머스 매출이 급증하는 모멘텀이 발생했습니다. 이후 주가가 박스권을 돌파하면서 본격적으로 상승했습니다. 장기간 박스권에서 움직이던 주식이 강력한 저항선을 돌파하며 주가가 크게 상승하는 대표적인 사례라 할 수 있습니다.

횡보와 추세: 시장의 흐름을 읽는 법

주가 패턴은 크게 두 가지로 구분할 수 있습니다. 횡보와 추세입니다. 주가가 뚜렷한 방향성이 없이 일정한 박스권 내에서 움직이는 모습을 보일 때 이를 횡보라고 합니다. 이때는 변동성 지표인 볼린저 밴드를 통해 저점과 고점을 파악할 수 있습니다. 또 한편으로 주가는 일정한 추세를 따라 움직이기도 합니다.

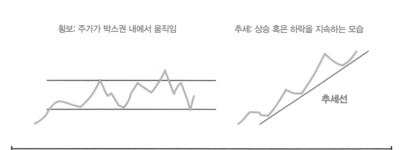

횡보: 주가가 박스권 내에서 움직임   추세: 상승 혹은 하락을 지속하는 모습

추세선

주가가 추세를 보이며 움직일 때는 추세선이나 이동평균선이 중요한 기술적 지표가 됩니다. 주가가 상승 추세대를 이루면서 우상향하면 추세대 하단에서 매수, 상단에서 매도하는 전략을 취할 수 있죠. 주가 움직임을 평균화해서 흐름을 보여주는 이동평균선 역시 주가의 추세를 확인할 수 있는 지표입니다.

주가 움직임	특징		적용 지표
비추세	횡보	➡	볼린저 밴드
추세	상승 혹은 하락 지속	➡	추세선, 이동평균선

바이오 소재 기업 아미코젠의 차트를 한번 보시죠. 아미코젠은 2020년 3월부터 10월까지 저점과 고점이 동시에 높아지는 추세대를

■ 그림 3-5 | 아미코젠 주가 차트 ■

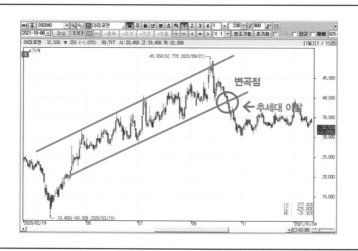

■ 그림 3-6 | 네이버의 주가 움직임과 이동평균선 ■

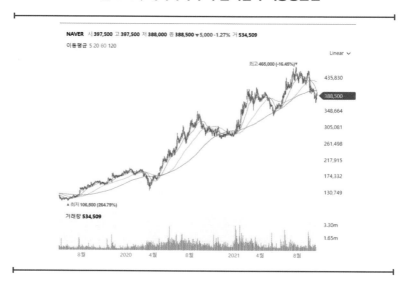

이루면서 상승했습니다. 이후 상승 추세대 하단을 뚫고 내려가는 이탈 현상이 발생합니다. 추세가 끝나고 나서는 횡보하는 모습을 볼 수 있습니다.

이동평균선을 이용해서도 주가의 지지선을 파악할 수 있습니다. 네이버 주가 차트에서 세 개의 이동평균선(20일선, 60일선, 120일선)이 확산과 수렴을 반복하는 것이 보이시나요? 세 개 이동평균선이 수렴해서 주가와 만날 때 지지를 받고 상승하는 패턴을 확인할 수 있습니다.

쌍바닥형, 이중 천장형, 삼각수렴형: 급락 혹은 급등 후의 패턴

이외에도 중요하게 살펴봐야 할 기술적 패턴으로는 쌍바닥 패턴(W형 바닥), 이중 천장형 패턴(M형 천장), 머리어깨형 패턴, 삼각수렴형 패턴 등이 있습니다. 이들 패턴에 어떤 의미가 있을까요?

매도와 매수 관점에서 살펴봅시다. 주가가 하락했다가 반등했는데, 다시 하락하는 경우가 있습니다. 이때 주가가 다시 전 저점 부근

■ 그림 3-7 | 바닥과 천장에서 전형적인 차트 패턴 ■

외바닥　　　　쌍바닥　　　　천장형　　　　이중 천장형

■ 그림 3-8 | 쌍바닥 패턴에서의 매수 시점과 상승 목표치 ■

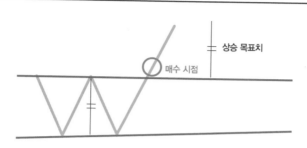

■ 그림 3-9 | 삼각수렴형 패턴 ■

에서 반등하면 저점이 두 개로 W자 형태인 쌍바닥 패턴이 만들어집니다. 매도와 매수가 치열하게 움직이지만 매수하는 투자자들이 매물을 흡수하는 것으로 이해할 수 있습니다. 이렇게 되면 두 번에 걸쳐 시세의 저점이 확인되었기에 외바닥일 때보다 주가의 반전 가능성을 더 높게 봅니다. 바닥을 두 번 확인한 투자자들의 심리가 우호적으로 변했기 때문입니다.

쌍바닥 패턴과 마찬가지로 이중 천장형 패턴도 같은 해석이 가능합니다. 주가가 상승하다가 하락으로 전환합니다. 이때 매수세가 진입해서 다시 반등을 시도합니다. 그러나 전 고점 부근에서 매수세를 넘어서지 못하고 다시 하락합니다. 이처럼 고점에서 매도세 저항을 뚫지 못할 경우 봉우리가 두 개가 나오는 쌍봉 혹은 M자형 차트 패턴이 나옵니다. 매도세가 매수세를 두 번이나 좌절시킨 것입니다. 이런 패턴이 나오면 주가가 하락할 가능성이 높다고 볼 수 있습니다. 두 번이나 고점 돌파에 실패했기 때문에 투자자들 심리가 불안해지기 시작한 탓이죠.

삼각수렴형 패턴은 매도와 매수세가 팽팽하게 접전을 이룰 때 삼각형 모양을 이루면서 주가가 수렴하는 경우를 말합니다. 삼각수렴형이 완성되면 주가의 변동성이 극단적으로 줄어든 상태가 됩니다. 그래서 이 패턴은 앞으로의 변동성 확대 가능성을 예고한다고 할 수 있습니다.

이처럼 차트 패턴 속에는 매수와 매도 간에 공방전이 녹아들어 있습니다. 그래서 차트를 투자자들 심리 변화의 궤적으로 보는 것입니다.

볼린저 밴드를 통한
매매 타이밍 잡기

매매 시점을 알려주는 볼린저 밴드

볼린저 밴드는 주가가 일정한 밴드 안에서 움직인다는 점에 착안해서 만든 기술적 지표입니다.

볼린저 밴드는 주가를 위아래로 감싸는 띠 모양을 하고 있습니다. 밴드는 세 개의 선으로 구성됩니다. 위를 상단, 아래를 하단이라 부르고 중앙에 이동평균선이 그려지는데 이를 중앙선이라고 합니다. 주가와 세 개의 선으로 구성되어 있어서 직관적으로 이해하기가 쉽다는 점이 가장 큰 장점입니다.

주가는 95.4% 확률로 볼린저 밴드 내에서 움직이는데요, 주가가

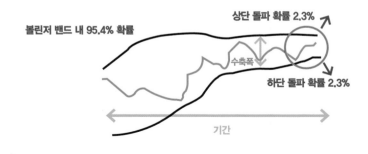

밴드 하단에 오면 상승할 확률이 높고 밴드 상단에 도달하면 하락할 확률이 높습니다.

그렇다면 주가가 하단에 올 때 주식을 사놓고 있다가 상단까지 오르면 주식을 팔아서 이익을 취하는 전략을 생각해볼 수 있겠죠. 단순하게 정의한 상하단 매매 방법이라고 할 수 있습니다. 이는 볼린저 밴드에서 하단을 지지선, 상단을 저항선으로 인식한다는 의미를 갖습니다.

다음 〈그림 3-10〉은 아미코젠의 10개월 간 차트 흐름입니다. 차트를 보면 무슨 생각이 드나요? 어느 지점에서 이 주식을 사는 것이 좋겠습니까? 매도 지점은 어디일까요? 주가가 하단에 오면 상승할 확률이 높고 상단에 오면 하락할 가능성이 높다는 점에 착안해서 차트를 살펴봅시다. 매매 전략은 단순할수록 좋습니다.

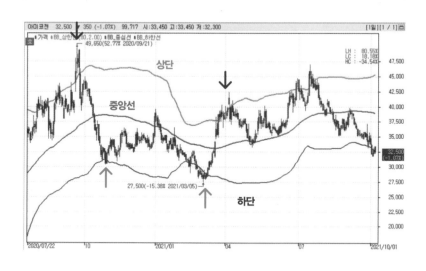

볼린저 밴드 지표 해석하기

볼린저 밴드 지표를 보면 괄호 속에 숫자가 있습니다. 〈그림 3-10〉을 다시 보면 위쪽에 주황색으로 '(80, 2)'라고 써 있습니다. 이 숫자가 무엇을 의미하는지 알아야 하는데요, 기술적 지표를 적용할 때는 기본 내용에 대해 확실하게 숙지해야 합니다.

상단 밴드	중앙밴드 + 2표준편차
중앙 밴드	이동평균선
하단 밴드	중앙밴드 – 2표준편차

먼저 앞의 80은 해당 기간 동안의 이동평균선을 의미합니다. 80일 이동평균선이라는 얘기죠. 아까 볼린저 밴드에 세 개의 선이 있다고 했죠? 그중에서 중앙선이 80일 이동평균선입니다. 약 4개월간 주가 흐름의 평균을 나타내는 것이죠.

만일 단기로 차트를 보겠다면 20일 이동평균선을 사용할 수 있습니다. 투자 성향이 장기냐, 단기냐에 따라 이동평균선 값을 정하면 됩니다.

뒤에 있는 숫자 2는 승수 값입니다. 표준편차에 승수 2를 곱하면 볼린저 밴드 상단과 하단이 정해집니다. 볼린저 밴드 상단은 표준편차에 2를 곱하고 하단은 표준편차에 –2를 곱하면 만들어집니다. 이 부분이 약간 어렵지만 정규분포를 통해 이해해봅시다. 학창시절에 배웠던 정규분포가 이렇게 쓸모 있습니다.

정규분포 의미

100명의 학생을 키 순서대로 분포도를 만든다고 생각해봅시다. x축의 가운데에 위치한 u가 100명의 평균 키입니다. 왼쪽으로는 키가

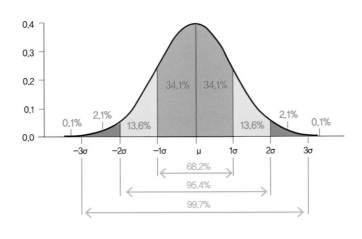

작은 사람들이 분포하고, 오른쪽으로 갈수록 키가 큰 사람들이 분포
되죠. 정규분포는 중앙값(μ)를 중심으로 왼쪽과 오른쪽이 비슷한 분
포를 이룹니다.

물론 100명 정도의 적은 인원에서는 정확히 이러한 분포를 나타내
지 않을 수도 있지만 대체적으로는 정규분포에 가까운 형태를 띱니
다. 시그마(σ) 표시는 표준편차입니다.

분포 범위를 보면 ±2 시그마에 속할 확률이 95.4%라고 써 있습니
다. 표준편차 ±2 안에 분포가 들어갈 확률이 95.4%라는 의미입니다.
학생들 100명 중에 95.4명이 표준편차 2 안에 분포되어 있다는 거죠.

만일 3 시그마를 대입하면 확률은 99.7%가 됩니다.

이처럼 주가 움직임을 정규분포에 대입해서 만든 기술적 지표가 바로 볼린저 밴드입니다. 이동평균선을 중심으로 현재 주가가 어디에 위치하는지 알 수 있게 된 것이지요.

아미코젠의 주가 차트에 80일 이동평균선을 그려봅시다. 주가가 80일 이동평균선 위에 있기도 하고 아래에 있기도 하네요. 80일 이동평균선은 80거래일간 주가의 평균 궤적으로, 최근 80일간의 주가를 더하고 이를 평균해서 만듭니다. 다음날은 맨 앞의 하루를 빼고 가장 최근 일을 넣어 계산하죠.

■ **그림 3-12** | **아미코젠의 80일 이동평균선** ■

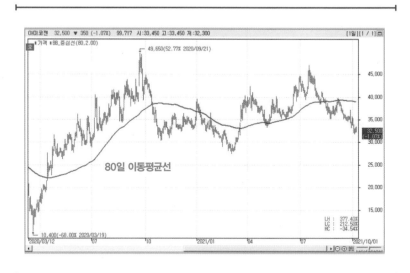

만일 5일 이동평균선을 그리면 어떻게 될까요? 기간이 짧다 보니 이동평균선이 주가 흐름에 바짝 붙어서 움직이게 됩니다. 80일 이동평균선을 사용한다는 것은 주가를 지나치게 단기적으로 보지 않고, 그렇다고 너무 길게 보지도 않는다는 의미입니다. 이른바 중기 흐름을 보는 것이지요. 따라서 단기 투자자라면 5일이나 20일 이동평균선을 사용하면 되고 장기 투자자라면 이동평균선을 240일 혹은 그 이상으로 잡아 사용할 수 있습니다.

다시 아미코젠의 주가 차트로 돌아와봅시다. 80일 이동평균선을 중심으로 표준편차 2를 변수로 해서 그린 것이 바로 볼린저 밴드

■ 그림 3-13 | 아미코젠 볼린저 밴드 ■

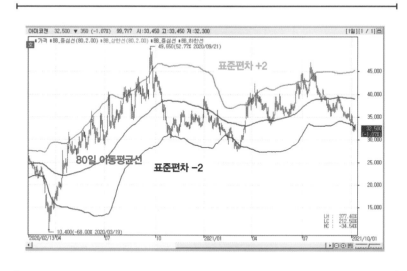

(80.2)가 됩니다. 정규분포와 똑같이 이해하면 된다고 했죠? 즉, 80일 이동평균선의 표준편차 2와 -2 사이에 주가가 위치할 확률이 95.4%라는 것입니다. 물론 주가가 볼린저 밴드 상하단 폭을 벗어날 수도 있습니다. 확률은 4.6%에 불과하지만 말이죠.

주가가 볼린저 밴드 밖으로 벗어난다는 것은 매수세나 매도세가 강하다는 의미입니다. 무엇인가 급박한 일이 벌어지고 있다는 뜻이죠. 호재가 터지거나 큰 악재가 발생했을 때 이런 일이 일어납니다. 특별한 이벤트가 없다면 평상시에는 볼린저 밴드 내에서 주가가 움직일 확률이 95.4%입니다.

계속 확률 이야기를 하고 있어 머리가 아프실지도 모르겠습니다. 하지만 주식투자는 일종의 확률 게임입니다. 볼린저 밴드를 이용해서 기술적으로 매매하는 투자자들은 확률을 보면서 투자 판단을 합니다.

볼린저 밴드 내에서 움직일 확률 95.4%를 보고 투자할 것인가? 아니면 볼린저 밴드 밖으로 뛰쳐나갈 확률 4.6%에 투자할 것인가? 어느 쪽이 성공할 확률이 높을까요? 당연히 95.4%쪽이 돈을 벌 확률도 높을 겁니다. 이런 이유로 볼린저 밴드 하단에 왔을 때는 주식 매수를 고려하고, 상단에 왔을 때는 매도를 생각할 수 있어야 합니다.

투자 성향에 따른 변수 값 설정

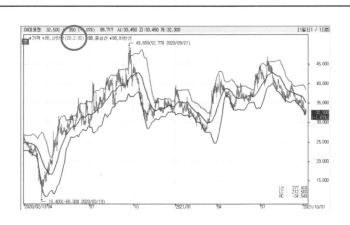

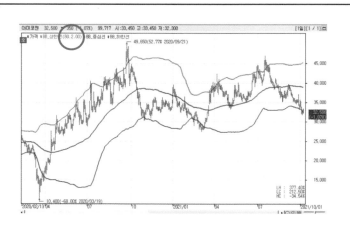

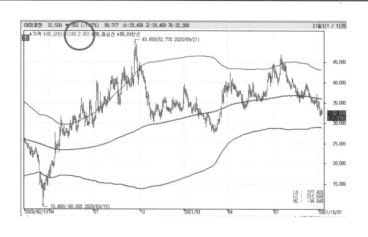

위 세 개 차트를 보시죠. 볼린저 밴드 중앙선인 이동평균선 값을 20, 80, 240으로 했을 때 주가 흐름을 보면 이동평균선 값이 작을수록 밴드 폭이 좁고 주가가 상단과 하단에 닿을 확률이 높다는 걸 알 수 있습니다. 단기적인 관점에서 주가 흐름을 보기 때문에 잦은 매매가 유발될 수 있죠. 반면 변수 값이 큰 경우에는 매매 기회는 많지 않지만 대신 큰 흐름을 볼 수 있습니다. 자신의 투자 성향이 어떠한가에 따라 이 변수 값을 잘 사용할 수 있어야 하겠습니다.

실전 볼린저 밴드 활용 시나리오

볼린저 밴드 사용의 전제 조건

그럼 이제부터 볼린저 밴드를 실전에서 활용하는 방법에 대해 알아보겠습니다. 이 매매 기법의 가장 기초는 하단에서 매수해서 상단에서 매도하는 방식입니다. 이때 가장 유념해두어야 할 점이 있습니다. 바로 볼린저 밴드 사용에 있어서의 전제 조건은 대상 종목을 우량주에 국한해야 한다는 점입니다. 실적이 좋지 않은 기업에는 볼린저 밴드를 적용하는 것이 그리 바람직하지 않습니다. 우량주로 매매 대상을 국한해도 매매 기회는 자주 나옵니다.

직장인이라면 볼린저 매매 기법을 사용할 때 변수 값을 (80.2)로 하기를 추천드립니다. 중기 투자에 해당되고, 회사 일에 지장이 없는 선에서 매매를 해야 한다는 현실적 측면을 고려하면 지나치게 단기적으로 시세를 보는 일은 지양해야 하기 때문입니다.

하단 출현 빈도, 하단에서 상단까지 소요되는 시간, 상하단 매매시 수익률 크기 등을 중심으로 차트를 보시면 공부에 도움이 될 겁니다.

여기서 생각해봐야 할 부분은 앞서 이론적인 측면에서 고찰한 볼린저 밴드가 상단과 하단 밖으로 벗어날 확률이 4.6%라는 점입니다. 위아래로 벗어날 확률이 4.6%이므로 하단 아래로 벗어날 확률은

2.3%라고 가정합시다.

주가가 상단과 하단 사이에서만 정확히 움직인다면 얼마나 좋겠습니까? 문제는 주가가 볼린저 밴드 밖으로 튀어 나갈 때입니다. 주가가 하단에 와서 매수했는데 하단 아래로 추가 하락하는 경우가 종종 발생합니다.

■ 그림 3-18 | 볼린저 밴드 하단에서 매수 후 추가 하락하는 경우 ■

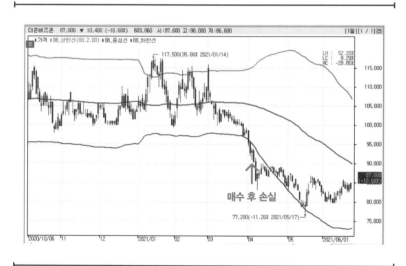

더존비즈온이 3월 말에 하단 98,000원에 닿았기 때문에 기계적으로 매수했다고 해봅시다. 그런데 주가가 하단을 지지하지 못하고 추가 하락해버렸습니다. 확률이 낮지만 이런 일이 발생하는 경우 손실이 나게 됩니다. 이때의 올바른 대처 방법은 무엇일까요?

(1) 일정한 손실에서 청산(손절매)

(2) 추가 매수로 대응(물타기가 아닌 전략적 매수)

일반 투자자들이 손절매를 하기란 말처럼 쉽지 않습니다. 손실 확정에 따른 두려움이 크기 때문입니다. 물론 손절 방식도 하나의 방법입니다만, 하단 매매에서 맞춤한 전략은 (2)번 방식을 응용한 3분할 매매라고 생각합니다.

하단에서 1차 매수했는데 상단 쪽으로 향하면 추가 매수를 하지 않습니다. 하지만 1차 매수 시점에서 10% 추가 하락을 하면 여기서 2차

■ 그림 3-19 │ 볼린저 밴드 3분할 매수 사례 ■

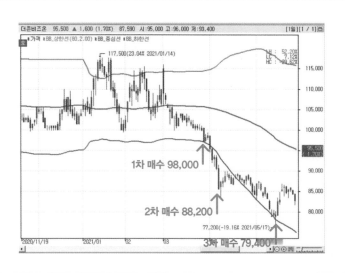

매수합니다. 그리고 2차 매수를 했는데 거기서 다시 10% 하락하게 되면 3차 매수를 합니다. 이를 차트에 표시하면 〈그림 3-19〉와 같습니다.

이렇게 세 번 매수하면 평균단가는 2차 매수 가격 부근이 될 것입니다. 이때 동일한 금액으로 세 번 분할해서 매수해야 합니다. 예를 들어 한 종목당 500만 원을 투자한다고 가정하면 다음과 같이 매수하는 것이 좋습니다.

■ 표 3-2 | 주가별 매수 수량 ■

	매수 금액	주가	수량
1차 매수	1,660,000	98,000	17
2차 매수	1,660,000	88,200	19
3차 매수	1,660,000	79,400	21
소계	5,000,000	87,719	57

실전에서 매매를 해보면 3차 매수까지 진행하는 경우는 10종목 중 1~2종목 정도의 빈도로 나옵니다. 물론 시장 상황에 따라 달라질 수는 있습니다. 이렇게 3차 매수까지 한 이후에는 회사에 중대한 악재가 없는 한 손절매 없이 버텨야 합니다. 그 이유는 다음과 같습니다.

우량주가 볼린저 밴드 상단에서 하단까지 하락했을 경우 대체적으로 주가가 20% 이상 하락한 상태일 때가 많습니다. 여기서 1차 매수를 하면 N자형 반등을 노리게 되죠. 그런데 하단에서 지지받지 못하고 추가 하락하게 되면 대비책으로 세 번 분할 전략을 사용합니다. 즉, 고점에서 40%가량 하락할 때까지 분할 매수로 대응하는 것입니다. 우량주의 경우 40% 정도 하락하게 되면 이후 반등이 나올 확률이 높습니다.

앞의 더존비즈온의 예를 다시 한 번 볼까요? 더존비즈온은 1월 14일 최고점 117,500원을 기록했습니다. 하단까지 하락 폭이 16.5%입니다. 여기서 추가 하락해 3차 매수까지 했습니다. 1월 고점에서 3차 매수 가격까지 하락 폭이 32%네요. 더존비즈온은 상하단 폭이 좁아서 3차 매수 가격까지 조정 폭이 32%인데, 보통 3차 매수까지 할 정도로 주가가 하락할 때에는 고점 대비 낙폭이 약 50% 정도 되는 때가 대부분입니다. 우량주가 30% 이상 하락할 때는 추가 하락보다는 횡보 후에 반등이 나올 확률이 높다고 보고 매수 관점에 서서 주가를 보는 것이 좋습니다. 주가는 평균으로 회귀하려는 성향이 있기 때문입니다.

매도 시에는 1차 매수 시점까지 주가가 반등하면 3차 매수 물량만큼 이익 실현하고 나머지 수량으로 주가 추이를 지켜보는 것이 좋습니다.

N자형 조정 시 매수 전략

하단에서 상승하기 시작한 주가가 상단에 도달해서 조정을 받을 때 중앙선에서 지지를 받는 경우가 있습니다. 하단까지 오지 않고 추세를 만드는 움직임을 보이는데 이때는 N자형 조정을 마칠 때 추가 매수를 고려해볼 만합니다. 상승하는 주식은 계속 상승하려는 관성의 힘이 작용하기 때문입니다.

■ 그림 3-20 | 중앙선에서 지지를 받으며 N자형 조정을 하는 패턴 ■

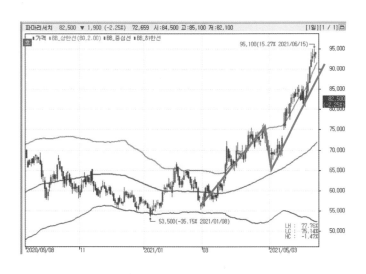

스퀴즈로 주가의 방향을 예측하라

볼린저 밴드는 주가의 수축과 확장을 표시해줍니다. 한마디로 주가는 볼린저 밴드의 수축과 확장의 반복으로 이해할 수 있죠. 이를 다

른 말로 하면 낮은 변동성이 높은 변동성을 예고하고, 높은 변동성은
낮은 변동성을 낳는다는 뜻입니다.

수축이 극단화될 때를 '스퀴즈'라고 부르는데 볼린저 밴드 폭을 살
펴보면 스퀴즈 진행 여부를 알 수 있습니다.

■ **그림 3-21 | 볼린저 밴드 폭이 극단적으로 수축되는 스퀴즈 발생의 예** ■

네오팜의 차트를 함께 보시죠. 2020년 4월경 네오팜의 볼린저 밴
드 폭은 가장 크게 확장된 상태였습니다. 확장은 주가 변동성의 확대
를 의미하죠. 이후 변동성은 낮아집니다. 밴드 폭(80.2)을 보면 2021
년 초에 크게 낮아진 것을 알 수 있습니다. 이때 저점이 더 이상 낮아

지지 않는 상태에서 볼린저 밴드 폭이 극단적으로 수축됐기 때문에 조만간 변동성 확대를 예상할 수 있습니다.

이처럼 주가의 상승 혹은 하락 여부에 따라 변동성의 방향이 결정됩니다. 수축이 극단화되는 스퀴즈 상태가 나타난다면 이를 변동성 확대를 예고하는 신호로 봐야 합니다.

볼린저 밴드 매매를 위한
포트폴리오 관리법

어떤 종목을 골라야 할까?

볼린저 밴드 상하단 매매는 우량주와 대형주로만 대상을 제한한다고 해도 종목이 많이 나오기 때문에 포트폴리오를 잘 구성해서 매매해야 할 필요가 있습니다. 그래야 투자 안정성 측면에서 좋습니다. 종목을 선정할 때는 낙폭 과대, 실적 흐름 등을 지켜봐야 하는데 그중에서도 가장 중요한 포인트는 관심 종목이 하단에 도달했는지 여부를 확인하는 것입니다.

투자금이 3,000만 원이라고 가정하고 볼린저 밴드 기법을 적용하기 위한 포트폴리오를 구성해보겠습니다.

포트폴리오 편입 종목 수	10종목	
현금보유	900만 원	2차, 3차 매수를 위한 예비 자금
종목당 편입 금액	210만 원	

여러분이 최소 10개 종목을 목표로 매매하기로 했다고 합시다. 볼린저 밴드 하단에서 반등할 확률이 높지만 2차 매수, 3차 매수 종목도 나올 수 있기 때문에 최소한 30%를 현금으로 보유해야 합니다.

따라서 현금을 제외한 투자금액은 2,100만 원이 됩니다. 10종목을 투자하기로 했으니 종목당 1회 투자 한도는 210만 원이 됩니다. 1차 매수로 10개 종목을 전부 매입하고 현금이 900만 원 남았네요.

현금은 2차 혹은 3차 매수를 대비하기 위한 자금임을 꼭 기억하기 바랍니다. 최대 네 개 종목이 동시에 하단을 이탈할 때 추가 매수를 위해 가지고 있어야 하는 자금입니다.

실전에서 투자를 해보면 상단에 가서 매도하는 종목이 3~4개월 이내에 나오는 경우가 많기 때문에 이 매도 자금으로 추가 매수를 하거나 신규 종목에 투자하는 것도 가능합니다. 종목 교체는 이때 자연스럽게 진행하면 됩니다.

상단 도달 시 필요한 분할 매도 전략

볼린저 밴드 상단에 도달할 경우 포트폴리오 비중의 절반을 매도하는 것이 좋습니다. 그리고 나머지 물량으로 이익을 키우는 전략을 고려해야 합니다. 이 같은 분할 매도 전략이 꼭 필요한 이유는 상단에서 물량을 전부 매도해버리면 추가 상승에 따른 이익을 얻을 수 없기 때문입니다.

그렇다면 분할 매도는 어떤 기준으로 해야 할까요? 사실 정해진 정답은 없고 투자자별로 각자 취향에 따라서 하면 됩니다. 주가가 볼린

■ 그림 3-22 | 볼린저 밴드 상단에서 분할 매도 전략 ■

저 밴드 상단에 갔을 때 이런 차트는 이동평균선으로 봐도 정배열 국면이 진행될 확률이 높습니다.

이익을 지키기 위한 매도 방법으로는 여러 가지가 있습니다. 20일 이동평균선을 하향 돌파할 경우 나머지 50%의 물량을 매도한다는 원칙을 세울 수도 있고, 볼린저 밴드 상단에서 10% 오를 때마다 50%의 물량을 두 번에 걸쳐서 나눠서 팔겠다는 전략도 가능합니다.

어떤 방법이 됐든 중요한 것은 이미 발생한 이익을 크게 돌려주지 않는 원칙을 세우고 이를 실행해야 한다는 것입니다.

■ 그림 3-23 | 이동평균선을 이용한 매도 전략 ■

볼린저 밴드 매매의 단점

모든 방법론이 그렇듯 볼린저 밴드도 만능은 아닙니다. 볼린저 밴드는 박스권 장세, 횡보 장세에서 비교적 잘 맞습니다.

그러나 추세 장세에서 볼린저 밴드 상단 매도만을 고집할 경우 큰 추세를 통해 이익을 내기 어렵다는 단점이 있지요. 추세 장세에서는 이동평균선을 통해 이익을 키우거나 매도 타이밍을 잡는 것이 좋습니다.

■ **그림 3-24 │ 볼린저 밴드 상단을 돌파하고 추세가 서는 패턴** ■

어떤 기술적 지표든 완벽한 지표는 존재하지 않습니다. 지표가 갖는 장단점을 확실히 인식하고 주가 흐름에 맞춰서 유연하게 대처할 필요가 있겠습니다.

볼린저 밴드를 이용한
4단계 매매 절차

구체적인 매매 방법

1단계: 매매 대상 종목 선정

볼린저 밴드를 이용해 매매를 하려면 우선적으로 우량주와 대형주를 대상 종목으로 선정해야 합니다. 이 절차가 가장 중요하다고 볼 수 있죠. HTS에 매매 대상 종목을 관심 종목으로 넣고 볼린저 밴드 하단에 오는지 여부를 늘 관찰해야 합니다. 종목 풀에 속한 종목은 분기 실적이 발표될 때마다 신규 편입을 시킬지 퇴출을 시킬지 결정해야 합니다. 만약 실적이 악화된 종목이라면 제외하는 것이 좋겠죠. 다만 일시적 악재에 의한 실적 부진은 여기에 해당되지 않습니다.

매매를 처음 시작한다면 대상을 영업이익률이 15% 이상이고 ROE
가 15% 이상인 종목들과 시총 상위 대형주 100개 종목으로 압축해서
보는 편이 좋습니다.

2단계: 볼린저 밴드 위치 관찰

주가가 볼린저 밴드 상단에서 하단을 향해 움직이기 시작한다고
해봅시다. 중앙선 이하로 주가가 조정을 할 때부터 본격적인 관찰에
들어갑니다. 다음은 피부미용 관련 기업인 클래시스의 차트입니다.

볼린저 밴드 하단에 오면 기계적으로 매수해야 합니다. 이때 가격

■ 그림 3-25 | 볼린저 밴드 투자 시 매수 시점 ■

이 '라운드 피겨(round figure, 마디 가격)'인 경우라면 지지가 상당히 강한 편입니다. 라운드 피겨는 1,000, 2,000, 10,000처럼 뒷자리가 딱 떨어지는 금액으로, 주가의 지지와 저항을 관찰할 때 참고하는 가격대를 뜻합니다. 예를 들어 12,400원보다 12,000원이 지지나 저항이 강한 편입니다.

1만 원, 15,000원, 2만 원, 5만 원, 10만 원처럼 딱 떨어지는 라운드 피겨에 오면 지지와 저항이 강하기 때문에 이를 투자 판단에 잘 활용해야 합니다.

매수 시 매수 대상 종목의 고점 대비 하락 폭 또한 잘 살펴봐야 합

■ **그림 3-26 | HTS에서 보여주는 고점에서 저점까지의 주가 하락 폭** ■

니다(HTS에서 자동으로 계산해서 보여줍니다).

여기서 HC는 고점에서 최근일 종가까지의 하락 폭입니다. 주가 차트를 6개월 기간으로 설정해서 보면 6개월 이내 최고점에서 현재 가격까지 하락 폭을 HTS에서 자동으로 계산해 보여줍니다.

앞서 예로 든 클래시스의 차트를 다시 보겠습니다(〈그림 3-25〉). 클래시스는 5월 29일 17,350원 고점에서 8월 21일 볼린저 밴드 하단인 12,500원까지 하락했습니다. 고점 대비 낙폭이 약 28%입니다. 우량주가 30% 가까이 조정에 들어간 것이죠.

고점 대비 낙폭이 20% 이상이 되면 공략하기 좋은 상태입니다. 물론 이때 이러한 주가 하락은 악재가 있어서 하락하는 것이 아니어야 합니다. 그간의 뉴스나 실적 등을 살펴보면서 상승에 따른 자연스러운 조정인지 아니면 악재로 인한 조정인지를 확인해야 합니다.

3단계: 분할 매수 시작

볼린저 밴드 하단에 왔을 때 1차 매수를 합니다. 이때 투입 자금은 얼마가 되어야 할까요? 볼린저 밴드 기법으로 3,000만 원 투자를 결정했다고 합시다. 매매 대상 종목은 10개입니다.

투자 금액: 3,000만 원
매매 대상 종목: 10개

앞서 설명했던 '현금 30% 보유' 원칙을 꼭 기억하시길 바랍니다. 따라서 900만 원을 제외하고 2,100만 원을 투자에 쓸 수 있습니다. 나누기를 하면 종목당 최대 매수 금액이 210만 원입니다.

■ 그림 3-27 | 분할 매수 시점의 예 ■

볼린저 밴드 하단에서 1차 매수 후에 주가가 더 떨어질 때 2차, 3차 매수를 합니다. 이때 현금으로 남겨둔 900만 원을 사용합니다. 2차 매수는 1차 매수 가격 대비 10% 하락할 때, 3차 매수는 2차 매수 가격에서 10% 하락할 때입니다.

물론 실전에서는 1차 매수 후 반등할 확률이 많기 때문에 2차 매수

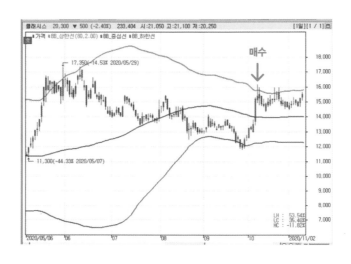

나 3차 매수까지 가는 경우는 별로 없습니다. 하지만 드물긴 해도 없는 일은 아니죠. 그러므로 추가 하락을 대비해서 늘 현금을 30% 보유하는 원칙을 깨서는 안 될 것입니다.

4단계: 이익 실현

주가가 볼린저 밴드 상단에 왔을 때 이익을 실현합니다. 이때 분할매도를 할지, 일거에 전체 물량을 매도할지는 매매 경험을 쌓다 보면자연스럽게 결정될 것입니다. 다만 분할로 매수했듯이 매도도 분할로 하는 것이 좋습니다.

많은 투자자 분들이 토로하듯 매수보다 매도가 어렵습니다. 매수는 볼린저 밴드 하단이 정확히 지정해주는 데 반해 매도는 이익을 지키는 동시에 키워야 하기 때문에 다소 복잡합니다. 이는 경험을 통해 자신만의 매도 원칙을 정립해나가는 수밖에 없습니다.

볼린저 밴드 매매와 리밸런싱 효과

볼린저 밴드를 이용하여 매매하는 전략을 취하면 자연스럽게 리밸런싱 효과를 누릴 수 있습니다. 종목 간 교체 혹은 종목별 비중 조절을 리밸런싱이라고 하는데 포트폴리오를 재조정한다는 의미입니다.

10개 종목을 볼린저 밴드 하단 매매로 편입해서 보유하고 있는 경우, 볼린저 밴드 변수 값을 (80.2)로 하면 80일간 이동평균선을 중심으로 주가의 변동성 궤적을 볼 수 있습니다. 만일 변수 값을 (20.2)로 하면 볼린저 밴드 중앙값이 20일 이동평균선입니다.

볼린저 밴드 상하단에 올 확률이 둘 중 어떤 게 더 높을까요? 당연히 (80.2)보다 (20.2)가 더 높겠죠. 볼린저 밴드 중앙선이 80일 이동평균선일 경우 하단에서 매수를 했다면 매매를 일단락 지을 수 있는 시간은 평균적으로 4개월 정도라고 보면 됩니다.

물론 모든 종목이 4개월 내에 하단에서 상단으로 가거나 상단에서 하단으로 가지는 않습니다. 그래도 실전에서 매매를 해보면 4개월 내에 매매 종결 종목들이 두서너 개는 나옵니다. 이때 매도한 자금으로 하단에 오는 다른 종목을 매수하게 되면 자연스러운 종목 교체, 즉 리밸런싱이 이루어집니다.

니콜라스 다비스의 박스권 이론과 청산 전략

니콜라스 다비스는 남자 무용수로 활동하던 중에 공연비 대신으로 주식을 받은 것이 계기가 되어 주식시장에 뛰어들었습니다. 주식의 '주' 자도 모르는 초짜였던 그는 모든 초보들이 그러하듯이 처음에는 이익과 손실을 반복했습니다. 그런데 다비스는 생각 없는 초짜들과 달랐습니다. 자신의 실패를 반성할 줄 알았기 때문이죠. 그는 전 세계를 돌아다니면서 공연을 하는 와중에도 매매 방법을 연구했고 결국 박스권 매매 기법을 완성시키면서 엄청난 부를 거머쥐었습니다.

니콜라스 다비스는 상승하는 주식은 새로운 박스를 계속 만들면서 움직인다고 봤습니다. 주가는 저항이나 지지선을 넘어서면 상당 기간 가격 폭을 두고 진동하는데 그는 이를 '박스권 움직임'이라고 정의했습니다. 〈그림 1〉은 상승하는 주식의 박스권 움직임을 나타냅니다.

하락하는 주식도 마찬가지입니다. 하락하다가 어느 선에서 박스를 그리면서 진동하고 다시 하락합니다. 요약하자면 상승하는 주식은 상승 후에 일정 기간 숨 고르기를 한 후 다시 상승하는 경향이 있다는 것입니다. 하락도 이와 마찬가지고요.

상승하는 주식이라고 해도 주가가 로켓처럼 한 번에 치솟아 대기권 밖으로 날아가듯 움직이지는 않습니다. 1단계 상승 후 상위 박스에서 한참을 움직이다가 다시 그 위에 상위 박스를 만드는 경향이 있죠. 만들어진 박스권을 탈출하기 위해서는 손바뀜도 있어야 하며 동시에 새로운 재료의 출현이나 시장 상황 등을 통해 상위 박스권으로 도약할 동력을 충전해

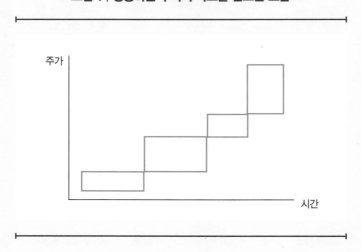

■ 그림 1 | 상승하는 주식이 박스를 만드는 모습 ■

야 할 시간이 필요합니다.

　니콜라스 다비스의 매매 원칙의 핵심은 맨 위의 박스를 주목해야 한다는 것입니다. 박스가 그려지는 시점에 그 박스가 어디에 위치하는지가 중요하다는 거죠. 이런 원칙을 고수하면 조정받는 종목은 자연스럽게 매매 대상에서 제외됩니다. 결국 추세가 서 있는, 종목을 매매 타깃으로 삼게 됩니다. 상승하는 주식은 계속 상승하려는 경향을 보인다는 점에 초점을 맞추고 추세 매매를 하는 전략입니다. 상승하던 주식이 하락세로 돌아서서 하위 박스를 만들기 시작하면 보유하고 있던 주식을 청산합니다.

　〈그림 2〉를 보면 매수한 종목이 상위 박스를 계속 만들어가는 한은 청산하지 않습니다. 이후 주가가 하락하면서 하위 박스를 만들기 시작하면 그때 청산합니다. 이러한 전략을 사용하게 되면 시장이 대세 하락기로 접어들었을 때 보유하는 종목이 자연스럽게 줄어들게 됩니다. 사실 실전 매

매에서 중요한 것은 상승하는 주식의 추세를 통해 이익을 취해야 할 때 매도 시점을 언제로 정해야 할지입니다.

다비스의 박스권 이론에서 말하는 매도 시점은 매우 명쾌하죠. 주가가 기존 박스권을 탈출하면서 새로운 상위 박스를 그릴 때는 이전 박스권 상단이 청산 가격이 됩니다.

다비스 박스권 매매 이론이 실전에서 탁월한 점은 상승 추세에서 이익을 지속적으로 키울 수 있으며, 동시에 하락장이 올 때 매매를 하지 않는다는 점입니다. 실제로 1963년 다비스는 폭락장이 오기 몇 달 전에 박스권 매매를 통해 주식의 대부분을 청산했고 대폭락으로 시장이 아비규환이었을 때 그는 한 주의 주식도 보유하지 않았습니다. 시장이 하락 추세에 접어들어 박스 상단을 만드는 주식이 없기에 매매를 쉴 수밖에 없었던 것입니다. 이처럼 박스 이론의 백미는 청산 전략에 있습니다.

■ 그림 2 | 박스권 매매에서 매수와 매도 시점 ■

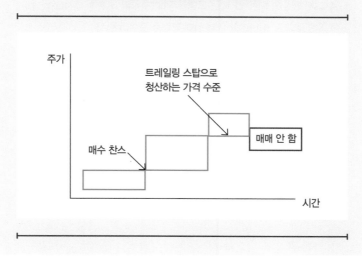

다비스의 이론에서 우리가 배워야 할 부분은 '박스권을 탈출하는 주식에 대한 관심'입니다. 어떤 주식이 갑자기 대량 거래를 수반하면서 기존 박스권을 탈출한다면 다비스는 이를 매수 기회로 봅니다. 새로운 추세가 구축되는 시점이기 때문입니다.

다비스가 오늘날까지 우리에게 전하는 메시지는 여전히 유효합니다. 다음의 네 가지 불변의 투자 원칙을 꼭 기억하면서 여러분만의 투자 철학을 확립해나가길 바랍니다.

1. 증권시장에서 절대로 확실한 것은 존재하지 않는다. 나는 절반은 틀릴 수밖에 없다.
2. 내가 틀릴 수 있다는 사실을 정직하게 받아들이고 나 자신을 여기에 맞춰서 재정비해야 한다.
3. 투자자는 아무런 편견 없이 진단을 내리는 의사가 되어야만 하며, 어느 특정한 이론이나 주식에 집착해서는 안 된다.
4. 그저 단순히 되든 안 되든 모험을 해보는 식의 투자를 해서는 안 된다. 무엇보다도 가능한 한 먼저 위험 부담을 줄여야 한다.

이동평균선이 보여주는 투자자들의 심리

주식 투자자들이 가장 많이 애용하는 기술적 지표가 바로 이동평균선입니다. 5일 이동평균선은 최근 5일 동안의 주가를 평균을 내 만듭니다. 20일 이동평균선은 20일간의 주가 평균이고요. 주가가 20일 이동평균선 위에 있다는 것은 20일간 주가 평균보다 현재 주가가 높다는 것을 의미합니다. 이는 최근 20일 동안 주식을 사들인 사람들의 평균 매수 단가보다 현재 주가가 높다는 뜻이지요.

그런데 20일 이동평균선은 어디까지나 평균값에 불과할 뿐입니다. 증시에 참여한 투자자들의 평균 매수 단가이고, 이 중에는 현재 가격보다 비싸게 산 사람들도, 싸게 산 사람들도 있을 수 있습니다. 주가가 20일 이동평균선 위에 있다고 해서 20일 동안 매수한 투자자들 모두가 웃는 것은 아니라는 얘기죠. 다만 평균적으로 볼 때 최근 20일간 주식을 매수한 투자자들이 대체적으로 좋은 가격에 매수했음을 의미합니다.

주가가 20일 이동평균선 밑에 있다면 최근 20일간 주식을 사들인 대부분의 투자자들이 자신이 사들인 가격보다 주가가 하락했으니 불안해할 상황입니다.

이동평균선으로 투자자들 심리 상태를 엿보다

그런데 주가가 20일 이동평균선 위에 있지만 60일 이동평균선 밑에 있다고 상정해봅시다. 60일 이내에 주식을 샀던 투자자들의 심리 상태는 어떨까요? 최근 20일간 주식을 산 투자자들은 웃지만 60일 평균값보다 현재 주가가 낮기 때문에 60거래일 평균으로 보면 주가가 하락했으니 우울해할 수 있겠죠. 다시 말해서 일부는 웃고 있지만 아직도 많은 투자자들이 자신의 매입 단가보다 가격이 빠진 상황에 놓여 있는 겁니다.

즉, 이동평균선과 주가의 관계를 통해 현재 투자자들의 심리 상태를 가늠해볼 수 있다는 점이 중요합니다. 간략하게 요약하자면, 주가가 20일 이동평균선 위에 있는 차트는 최근 20일간 주식을 매입한 투자자들이 대부분 얼굴에 웃음꽃이 피고, 주가 상승에 대한 기대를 갖고 있음을 의미합니다.

반대로 주가가 20일 이동평균선 아래에 위치해 있다면 최근 20일간 주식을 매수한 투자자들은 근심 걱정 속에서 주식을 바라보고 있는 것입니다. 주가가 하락해서 손실이 난 상태인데 여기서 추가 하락하면 손실 폭이 커지기 때문에 손절매를 생각하는 투자자들도 있을 것입니다.

이처럼 주가가 이동평균선 위에 있을 때와 아래에 있을 때 투자자들의 감정 상태는 확연히 다릅니다. 주가가 120일 이동평균선 위에 있다면 최근 6개월 이내에 주식을 매수한 사람들 대부분이 웃고 있다고 보면 됩니다.

정배열 국면에서는 투자자들이 웃고 있다

그렇다면 차트가 웃는 주식을 살까요, 우는 주식을 살까요? 웃는 주식을 사는 것이 마음이 편하기는 합니다. 그런데 역발상 투자자들은 우는 주식을 사야 한다고 말합니다.

어떤 관점에 서는 게 맞을까요? 이는 투자자 본인의 투자 철학과 관련될 수밖에 없습니다. 나는 추세추종 매매자인지, 아니면 역발상 투자자인지 스스로에게 질문해보시기 바랍니다. 투자 정체성과 관련 있는 문제입니다.

중요한 것은 역발상 투자자들도 결국 추세가 설 때 매도해야 수익을 거둘 수 있다는 점입니다. 결국 매수 시점의 문제로 환원됩니다. 역발상 투자자들은 주가가 기업의 본질 가치에 비해 저평가될 때 주식을 사자는 것이고, 추세추종 매매자들은 차트가 본격적으로 추세를 만들 때 진입하자는 얘기지요. 여기에 맞고 틀리고는 없습니다. 본인의 투자 철학은 어디에 해당하는지 한 번 고민해보기 바랍니다.

이동평균선이 가진 후행성의 문제

이동평균선을 활용하는 전략에도 단점은 있습니다. 급등락하는 주가를 판단하는 데 시간적 지연(time lag)이 발생하기 때문입니다. 5일 이동평균선은 5일간의 주가 평균이기 때문에 만일 최종일 날 주가가 상한가를 기록했더라도 5분의 1밖에 반영되지 못합니다.

가장 중요한 주가는 최종일 주가라는 점을 감안한다면 이동평균선의 맹점이 확연히 드러납니다. 만일 장기 이동평균선을 사용하게 되면 이 괴리는 더욱 심해지죠. 주가가 한참 올라간 뒤에야 장기 이동평균선들이 고개를 들고 우상향하는 모습을 띕니다. 따라서 단기 투자자들은 장기 이동평균선을 볼 필요가 없습니다. 투자를 할 때는 이러한 이동평균선의 '후행성'을 감안해서 지표를 분석해야 합니다.

모든 기술적 지표에는 장단점이 있습니다. 세상에 완벽한 지표란 없는 법이니까요. 각 지표의 장단점을 확실히 이해하고 이를 여러분의 투자에 잘 활용해야 하겠습니다.

4장

안정성과 수익성을 동시에 잡는 법:
적립식 투자를 하라

적정한 리스크로
높은 수익을 올리려면

단점을 장점으로 바꿔주는 적립식 투자

요즘 같은 저금리 시대에 은행예금은 적절한 자산 증식 수단이 되기 어렵습니다. 물가상승률을 감안한 실질금리가 매우 낮기 때문입니다. 그렇다고 대규모 자금을 필요로 하는 부동산 투자도 대안이라고 하기는 어려운 상황이죠.

길어진 평균수명과 급격한 고령화로 은퇴 후에도 우리는 20년 이상 노후 생활을 걱정해야 합니다. 선진국처럼 사회보장제도가 잘 되어 있지도 않은지라 직장에 취업하자마자 은퇴 후 삶을 고민해야 하는 시대가 됐다고 해도 과언이 아닙니다. 이런 이유로 직장인들은 현업에 있으면서 안정적인 자산 증식 수단을 찾아야 하는 상황입니다.

모든 투자에는 리스크가 따릅니다. 주식투자가 은행예금보다 높은 수익률을 추구할 수 있지만 안전하지는 않습니다. 고수익만 쫓아다니다가 원금 손실을 입을 수 있죠.

직장에 다니면서 투자를 하는 사람들에게는 다른 사람들에게 없는 아주 큰 장애물이 존재합니다. 바로 '시간'과 '자금'입니다. 직장인들은 대부분의 시간을 회사에서 보내기 때문에 주식을 분석하는 데 할애할 시간이 충분하지 않습니다. 그리고 월급을 쪼개서 투자를 해야 하기 때문에 자금력에도 한계가 있죠.

많은 직장인들이 주식투자에서 겪는 어려움으로 정보에 대한 부재와 종목 분석 시간의 부족을 꼽곤 합니다. 아무래도 회사 일을 하다 보면 투자에 많은 시간을 할애하기가 불가능하죠. 증권시장이 열리는 시간에 일을 해야 하기 때문에 단기매매는 꿈도 꾸기 어렵습니다. 기업의 정보를 분석하는 능력도 부족하고요. 이처럼 어려운 투자 여건 속에서 외국인과 기관 투자자, 전문 개인 투자자들을 능가하는 수익률을 거두기가 쉽지 않습니다.

그렇다고 재테크를 소홀히 할 수는 없습니다. 조금씩 투자해서 목돈 마련을 하려는 욕구가 누구보다도 큰 사람이 또 직장인이니까요. 이러한 모든 제약 조건을 감안했을 때 가장 좋은 투자 방법은 매월 일정액을 불입해서 적립식으로 주식을 사는 것입니다. 투자의 안정성을 확보할 수 있고 장기적으로 목돈 마련이 가능한 방법이죠. 적정한 리스크를 감수하면서 만족할 만한 수익을 얻을 수 있는 투자 방법이기도 합니다.

  그래서 이번 장에서는 이러한 적립식 투자의 이론적 기반과 투자 방법에 대해 알아보도록 하겠습니다.

적립식 투자의 장점

시간 분산
매월 주식을 매수

종목 분산
5~10개 종목을 적립

리밸런싱
적립 종목 내에서
비중 조절

변동성 극복과 안정적 수익을 통해 목돈 마련

버핏의 투자 방법을 배우다

일반 투자자들은 주식 계좌에 현금을 항시 일정 부분 보유하고 있어야 한다는 것을 머리로는 이해하지만 이를 잘 실천하지는 못하는 편입니다. 좋은 기업이 매력적인 가격에 올 때를 대비해서 현금을 보유해야 하는 것인데, 이것이 쉽지 않은 이유는 시장에는 항상 사고 싶은 종목들이 넘쳐나고 투자자들은 그 유혹을 참기 힘들기 때문입니다. 그렇게 원칙을 깨트리다 보면 정작 좋은 종목이 좋은 가격에 나타났을 때 현금이 부족해 매수를 하지 못하는 경우가 자주 발생하곤 합니다.

현금 보유의 원칙

워런 버핏의 무수히 많은 성공 요인 가운데 일반 투자자들이 가장 유념해야 하는 부분이 바로 이 현금 보유 원칙에 있습니다. 버핏이 운영하는 버크셔 해서웨이는 저비용으로 자금을 조달하는 것이 특징입니다.

버핏과 일반 투자자들 간의 결정적인 차이점은 무엇일까요? 바로 자금력, 더 구체적으로 말하면 지속적으로 유입되는 현금흐름을 갖고 있는지 여부입니다. 버크셔 해서웨이는 미국의 6위 자동차보험사인 가이코(GEICO Corporation)와 세계 4대 재보험사인 제너럴 리(General Re Corporation)를 자회사로 보유하고 있습니다.

보험사는 보험금을 지급하기 위해 보험지급준비금 명목으로 돈을 보유하는데, 이 자금은 이자가 없는 원가 제로입니다. 일명 플로트(float)라고 합니다. 또한 이연법인세도 마찬가지로 비용이 들지 않는 돈입니다. 이연법인세는 부채의 성격을 가지나 만기도 없고 이자도 없습니다. 두 가지 계정과목으로 자금이 지속적으로 유입되기 때문에 이를 활용해서 기업 인수나 금융자산 투자를 합니다.

만일 일반 투자자에게 이처럼 이자도 없고 만기도 없이 쓸 수 있는 돈이 지속적으로 유입된다고 생각해봅시다. 느긋하게 좋은 종목을 주시하고 있다가 이들이 저평가 상태일 때 매수할 수 있는 여유가 생길 겁니다.

버크셔 해서웨이의 가이코 인수는 이러한 현금흐름을 염두에 둔 탁월한 전략이었습니다. 보험사에는 지속적으로 보험료가 유입되고, 보험금 지급과 시간적 격차가 발생하기 때문에 유입된 보험료를 활용해서 투자를 할 수 있죠. 사실상 버핏의 투자 실적은 보험사 인수를 계기로 일취월장한 측면이 있습니다. 이른바 현금흐름을 활용한 투자가 가능했기 때문입니다.

현금흐름을 이용한 적립식 투자

직장인 투자자들이 워런 버핏처럼 이자가 없고 만기가 없는 부채를 확보할 수는 없겠지요. 하지만 현금흐름을 이용한 투자는 할 수 있습니다. 매달 꼬박꼬박 월급이 들어오기 때문입니다.

직장인들은 매월 현금흐름을 이용해서 적립식 투자를 통해 좋은 종목을 꾸준히 매수할 수 있습니다. 현금흐름이 없는 전업 투자자보다 직장인이나 자영업을 하는 투자자들이 활용할 수 있는 투자 방식이죠.

버핏의 성공 요인 중 하나가 현금흐름을 이용한 투자였다는 점을 생각해볼 때, 직장인들 역시 매월 유입되는 월급에서 일정 금액을 떼어 주식을 사모으는 적립식 투자로 성공 확률을 높일 수 있습니다.

적립식 투자의 장점은 장기 투자를 통해 복리의 마법을 얻을 수 있다는 것과 우량주에 관심을 갖게 된다는 점입니다. 우량주 투자로 복리의 마법을 노리는 것이야말로 버핏 투자의 요체라 할 수 있죠.

10년을 목표로 적립식 투자를 할 계획이라면 지금 당장 오르는 종목에 눈길을 주기보다는 성장성이 높은 우량주를 선택해야 합니다. 버핏이 항상 강조하는 "10년을 갖고 있지 않을 바엔 단 10분도 갖고 있지 말라"고 한 조언을 실천할 수 있도록 말이죠. 그렇게 해야 배당금을 재투자함으로써 복리의 마법이 작동하는 것을 볼 수 있습니다. 이처럼 적립식 투자는 직장인들이 버핏의 성공 전략을 배울 수 있는 투자 방식이라 할 수 있습니다.

궁극적인 성공을 가져다주는 가장 확실한 투자법

워런 버핏의 스승이며 가치투자의 창시자인 벤저민 그레이엄도 《현명한 투자자》에서 정액적립식 투자(Dollar Cost Averaging, DCR) 방법이야말로 일반인들이 접근할 수 있는 가장 좋은 투자라고 했습니다. 방법은 매우 간단합니다. 매월 일정 금액을 불입하여 주식을 사면 됩니다. 마치 은행에 매월 적금을 넣듯이 주식을 매월 사 모으는 방식이죠.

예컨대 어느 주식이 10만 원일 때 매월 30만 원을 불입해서 적립을 하면 3주를 살 수 있습니다. 이 주식이 15만 원으로 상승하면 2주를 살 수 있고, 하락해서 5만 원이 되면 6주를 살 수 있습니다. 이렇게 계속 주식을 사서 모으는 방식입니다.

그레이엄이 왜 정액적립식 투자를 권했는지, 그리고 이 투자 방식이 왜 리스크가 없는지 생각해봅시다. 삼성전자를 20년 전부터 매월 50만 원씩 정액 적립했다고 가정해봅시다. 액면분할 전 가격으로 보면, 삼성전자는 1990년대 초반에 2만 원 수준이었습니다. 2004년에 50만 원을 처음 넘어섰죠. 삼성전자처럼 지속적으로 주가가 오르는 종목을 적립식 대상 종목으로 선택했다면 매우 높은 투자 수익률을 달성했을 것입니다.

정액매입법의 결과

정석투자에 대해 종합적인 연구를 한 루실 톰린슨은 다우존스 산업지수를 구성하고 있는 종목들에 정액매입법을 적용해서 검증한 결과를 내놓은 바 있습니다. 루실 톰린슨은 극히 단순한 적립식 투자 방식에 대해 다음과 같이 긍정적인 결론을 내렸습니다.

"주가의 어떤 변화에도 상관없이 정액매입법만큼 궁극적인 성공을 가져다주는 투자 방법을 나는 아직까지 발견하지 못했다."

투자 방법은 매우 간단합니다. 매월 정해진 날이 오면 주식 계좌에 돈을 입금하고 편입 대상 종목을 매수하면 됩니다. 이때 두 가지 조건을 생각해야 합니다.

내가 매월 꾸준하게 적립할 수 있는 여건이 되는지, 그리고 적립식으로 편입할 종목을 몇 개로 구성해야 할 것인지입니다. 한 달에 적립 가능한 자금이 50만 원 미만이라면 다섯 개 종목 이내로 포트폴리오를 구성하는 것이 좋습니다. 적립 종목 수를 한두 개로 가져가면 리스크가 높기 때문입니다. 투자 액수가 적더라도 최소한 다섯 개 종목을 적립하는 것이 좋습니다.

정액적립식 투자의 장점은 주식의 평균 매수 가격을 낮춘다는 점에 있습니다. 주가가 올랐을 때는 매입 수량이 줄어들지만 주가가 하락했을 때는 매입량이 많아지게 되죠. 이렇게 주식을 꾸준히 적립해 가면 평균 매입 단가는 편입 기간의 주가 변동 폭 평균에 회귀합니다. 즉, 정액적립식 투자는 등락이 심한 시장에서 주가의 평균회귀 성향을 이용해서 리스크를 최소화하는 투자 방법이라 할 수 있습니다.

단기간에 큰 이익을 노리게 되면 마음이 조급해지기 때문에 손실을 볼 확률이 높아집니다. 물론 단기 매매나 모멘텀을 쫓아가는 매매를 통해 일시적으로는 인상적인 수익률을 얻을 수도 있습니다. 하지만 장기적으로 가치가 있는 주식을 적립식으로 모아가는 투자 방식이 더 안전하고 시장 평균을 넘어서는 수익률을 노릴 수 있다는 점을 기억해야 할 것입니다.

평균회귀의 법칙을
투자에 활용하는 법

흥분과 공포에 휩쓸리지 않고 투자하려면

주가는 시시각각 움직이기에 투자자는 그 방향성을 예측하기 힘듭니다. 그런 상황 속에서 리스크를 줄이려면 적립식을 통해 주식 매수 가격과 매수 시간을 다변화해야 합니다. 한꺼번에 주식을 사들이지 않고 정기적으로 일정액을 매입하면 자연스럽게 시간과 가격이 분산됩니다.

많은 투자자들이 주가가 상승하면 흥분해서 한꺼번에 주식을 대량으로 사들이고 주가가 하락하면 공포심에 휩쓸려 투매를 하는 경향이 있습니다. 적립식 투자는 이러한 흥분과 공포심에서 오는 잘못된 매매를 방지해줍니다. 동일한 금액을 일정 시점에 투자하기 때문에 주가가 높을 때는 매입 수량이 적어지고, 주가가 낮을 때는 많이 사들이게 되죠. 이는 일반적인 투자자들의 심리와 역행하는 방식입니다. 군중심리에 매몰되어 흥분과 공포심으로 이성적 판단을 하지 못할 때 투자에 실패하게 되는데 적립식 투자는 군중들이 가는 방향과 반대로 행동하도록 유도합니다. 즉, 자연스럽게 역발상 투자를 배울 수 있는 것이지요. 흥분과 공포에 휩쓸릴 때 발생하는 비이성적 행동을 미연에 방지할 수 있습니다.

적립식 투자 시 고려할 점

적립식 투자에 있어서 가장 고려해야 할 사항은 두 가지입니다. 먼저 경제가 성장하면서 장기적으로 시가총액이 증가하게 되는데 이때 인플레이션을 감안해야 합니다. 똑같은 금액을 지속적으로 불입하면 시간이 지날수록 적립식 투자 전략이 주식시장의 성장을 반영하지 못할 수도 있습니다. 따라서 적립식으로 장기 투자를 할 경우에는 투자 금액을 2년에 한 번씩 소액이라도 증액하는 것이 좋습니다.

정액적립식 투자의 또 하나 문제는 주식을 매도하라는 신호를 주지 않는다는 것입니다. 그래서 이를 보완하는 투자 전략으로 마이클 에들슨의 밸류 에버리징(Value Averaging, VA) 전략을 많이 활용합니다. 세상의 어떤 기술적 기법으로도 시장 타이밍을 100% 정확하게 맞출 수는 없습니다. 그러나 VA 전략을 실행하면 주가가 시장의 정점에 이르렀을 때 주식을 팔거나 최소한 적게 살 수 있습니다. 반대로 시장이 바닥에 이르면 주식을 더 많이 사게 되지요.

VA 전략을 따르면 시장이 정점에 이르렀을 때 흥분해서 주식을 많이 사들이거나, 바닥에서 공포심에 사로잡혀 주식을 투매하는 상황을 피할 수 있습니다. 주식을 팔아야 할 시점에 대한 판단이 서지 않는 상황에서 적절한 매매 시점을 제시해주는 기법입니다. 이 기법에 대해서는 이 장의 뒷부분에서 자세히 알아보겠습니다.

과민반응은 금물!

자산시장에서 나타나는 가격 움직임의 특징 중 하나는 과민반응입니다. 투자자들은 예상하지 못한 뉴스에 지나치게 예민하게 반응합니다. 부정적 뉴스를 보면 공포에 질려 투매를 하기 때문에 주가가 급락하는 경향이 있습니다.

1987년 10월 19일에 발생한 블랙 먼데이가 바로 그 대표적 사례입니다. 주식시장이 붕괴되기 전에 투자자들은 지나친 낙관론에 휩싸여 공격적으로 매수하면서 주가는 단기적으로 큰 상승을 했습니다. 그리고 블랙 먼데이에 주가가 폭락하자 이러한 과민반응을 조정하기 위한 반등이 들어왔습니다.

이후에도 한동안 급등과 급락이 이어졌습니다. 결국 주가는 펀더멘털에 회귀하면서 과민반응은 수그러졌고 변동성은 낮아졌습니다. 그리고 이러한 단기적인 급등락 상황에서 투자자들은 큰 손해를 입었습니다.

그런데 주식시장에서 투자자들의 과민반응으로 인한 지나친 주가 급등락은 단기적인 현상일 뿐입니다. 장기적으로 주가는 역사적 평균으로 회귀하는 경향을 보여주죠. 군중들이 단기적으로 흥분하거나 공포심에 휩쓸리게 되면 높은 변동성을 나타내지만 장기적 주가 추이를 보면 결국 합리적이고 이성적 판단 영역으로 수렴하게 됩니다. 적립식 투자는 이러한 비이성적인 경향에 휩쓸리는 것을 구조적으로 방지해주는 매매 기법입니다.

개인 투자자들은 시장의 급등락에 과민반응을 하지만 프로 투자자들은 역설적으로 개인들의 이러한 과민반응을 이용해 수익을 냅니다. 과민반응과 평균회귀의 적절한 해석 사이에 이러한 수익을 얻는 프로 트레이더들이 존재합니다.

시장에서 과민반응이 일어나지 않는다면 이들의 수익 기회도 많지 않을 겁니다. 워런 버핏은 시장의 과민반응을 '미스터 마켓'이라고 칭했고, 앙드레 코스톨라니는 주인과 개의 산책에 비유했습니다. 주인이 쥐고 있는 줄에 묶인 개의 행동반경은 주인이라는 가치 중심에서 멀리 떨어지지 못하고 항상 주인을 중심으로 회귀합니다.

미스터 마켓이 우울해 하면서 주가가 헐값에 거래될 때 투자자들은 주식을 매수해야 합니다. 미스터 마켓이 흥분해서 높은 가격에 주식을 사려고 할 때 개인 투자자들은 주식을 팔아야 합니다.

다시 말하자면 적립식 투자 전략은 과민반응과 평균회귀라는 시장의 현상을 활용하는 기법입니다. 적립식 투자를 하면 과민반응은 큰 문제가 되지 않으며, 매입 단가는 적립 기간의 평균가격으로 결정됩니다. 역사적 통계에서 확인했듯이 주식시장은 경제 성장과 인플레이선 현상 덕분에 장기적으로 상승해왔습니다. 일반 투자자들이 과민반응 속에서 비이성적으로 주식을 매매하면서 손실을 볼 때 적립식 투자 전략을 가져가는 사람들은 주가가 장기적으로 우상향한다는 것을 믿기 때문에 이성적으로 행동하게 됩니다. 이것이 적립식 투자 전략의 가장 핵심적인 내용입니다.

주가는 장기적으로 우상향하며 평균으로 회귀한다

정액적립식 투자를 하려면 어떤 종목을 대상으로 해야 할까요? 가장 먼저 경제적 해자가 있는 기업을 골라야 하며 그 기업의 해자가 유지되는 동안에 투자해야 합니다. 해자가 무너지면 이유를 불문하고 무조건 매도해야 합니다.

앞서 제2장에서 경제적 해자에 대해 공부한 내용을 떠올려보시기 바랍니다. 영업이익률을 통해 경제적 해자 유무를 추정할 수 있습니다. 또한 적립식 투자는 장기 투자의 성격을 가지므로 성장의 과실을 노릴 수 있는 성장주를 대상으로 고르는 것이 좋습니다.

다음으로 적립식 투자 대상으로는 몇 종목을 편입하는 것이 좋을까요? 앞서 설명했듯이 한 달에 적립하는 금액에 따라 다르겠지만 최소한 다섯 개 이상을 가져가는 것이 좋습니다. 두서너 개 종목에 집중 투자해서 큰 수익률을 거둘 수도 있으나 장기적 관점에서 수익률을 안정적으로 거두기에는 너무 위험한 방식입니다. 높은 수익률 못지않게 원금 훼손 가능성이 높아지기 때문이죠. 종목 분산은 수익률의 안정성 유지를 위한 필수적인 요구사항입니다. 따라서 적립식 투자에서도 반드시 포트폴리오 구성이 필요합니다.

만일 10개 종목으로 적립할 생각이라면 매달 세 개 종목을 번갈아 매수하는 전략도 괜찮습니다. 10개 종목 중에서 그달에 주가가 가장 많이 하락한 종목 위주로 편입하는 겁니다. 같은 금액으로 더 많은 주식을 사기 위해서는 종목 풀에서 급등하는 종목보다는 하락하는 종목을 편입해야 합니다. 이는 추세 매매가 아닌 역발상 투자죠. 평균회귀를 통한 수익을 확보하기에 좋은 매매 방식입니다. 쉽게 말해서 적립식 포트폴리오에서 주가가 가장 낮은 위치에 있는 종목을 매수하면 됩니다.

적립식 투자의 청산 전략

적립식으로 편입한 종목이라고 무한정 보유하지는 않습니다. 영업이익률이 급격히 하락하거나 적자전환이 되거나 해자가 무너졌다고 판명될 경우에는 무조건 팔아야 합니다. 고점 대비 30% 하락하면 보유 물량의 50%를 줄인다든가 하는 청산 전략은 적립식 투자에서도 꼭 필요합니다. 그렇게 해야만 수익 극대화를 누릴 수 있겠죠.

다만 적립식은 장기적으로 투자해서 목돈을 만드는 매매 방식이기 때문에 청산 기준을 일반 매매 방식보다는 느슨하게 가져갈 필요가 있습니다. 10년 이상 적립하겠다고 목표를 세웠다면 영업이익률이 훼손되지 않는 한 끝까지 보유한다는 전략도 좋습니다. 적립식 투

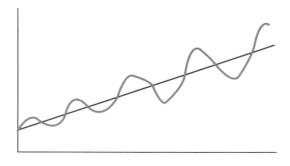

주가는 장기적으로 우상향하며, 그 중간중간에 평균으로 회귀하는 성향이 있습니다.

자를 하면서 자신만의 노하우도 터득해 나가야 합니다.

적립식 투자가 좋은 이유는 단순합니다. 주식 초보자들 입장에서 인내를 배울 수 있다는 점이 아주 중요하죠. 매월 한 번씩 사는 습관을 통해 인내는 저절로 체화됩니다.

우량주를 장기적으로 보유할 때 상승 가능성이 높다는 것을 직접 확인할 수도 있고요. 행운으로 잡은 주식으로 대박을 내는 것은 일회적인 사건일 뿐입니다.

주식 초보자들에게 필요한 것은 좋은 주식을 장기적으로 보유해서 수익을 얻을 수 있다는 경험의 확보입니다. 3년 정도 적립식 투자를 하다 보면 투자에 대한 자신감이 따라오리라 확신합니다. 또 하나 중요한 것은 직장인들이 목돈을 마련할 수 있는 안전한 투자 기법이라는 점입니다.

심리적 불안감을 극복하게 만드는 적립식 투자

많은 전문가들이 주식투자에서 심리의 중요성에 대해 이야기합니다. 하지만 대부분의 투자자 분들이 이미 느끼고 계실 겁니다. 실전에서 심리적 안정이 말처럼 쉽지 않다는 것을요. 심리 문제는 개인의 성격과 관련이 있고, 성격은 쉽게 고쳐지지 않기 때문입니다.

그렇다고 개인의 문제로 치부하고 어물쩍 넘어가버리기에는 투자에서 심리의 역할이 너무도 중요합니다. 심리에서 패배하면 아무리 좋은 기법을 가지고 전략을 짠다고 해도 수익률을 높이기 쉽지 않기 때문이죠.

왜 그럴까요? 빠른 시간 내에 높은 수익률을 원하는 대부분의 일반 투자자들에게는 초조한 감정이 몸에 배어 있습니다. 투자에서 흥분과 공포는 가장 피해야 할 적입니다. 그렇게 초조한 상태에서 주가 등락을 바라보면 이성적 판단을 하기 어려우니 투자를 그르치게 되는 것도 어찌 보면 당연한 일이죠.

그런데 적립식 투자를 하면 심리적 불안감을 극복하는 훈련이 자연스럽게 됩니다. 적립식은 우량주를 주기적으로 매입하는 전략이기 때문에 장기적인 관점에서 주식을 바라봐야 합니다. 단기적인 수익률에 연연하지 않으니 우량주와 경제적 해자, 꾸준한 이익 등 기업의 본질 가치 등을 볼 수 있는 눈이 생기게 되죠. 이처럼 적립식 투자는 단기적으로 주식을 보는 시각을 장기적인 관점에서 보도록 강제합니다. 또한 일정 금액으로 꾸준하게 주식 수를 늘리는 데 주안점을 두기 때문에 주가의 등락이 심리적 불안감을 자극하지 않습니다. 적립하고 있는 주식이 오르면 좋지만 하락하더라도 다시 그 주식을 추가로 낮은 가격에 편입할 기회라고 생각하면 하락을 여유로운 시각에서 바라볼 수 있습니다.

적립식 투자를 하면서 여러분 스스로가 불안한 심리를 통제할 수 있다는 확신이 든다면 적립식 투자가 아닌 일반 매매에서도 좋은 성과를 이끌어낼 수 있습니다. 투자에서 심리의 안정을 이루기 위해 어떻게 해야 할지를 적립식 투자를 통해 체득해왔기 때문입니다. 심리적 안정을 일상화하는 것은 자신의 투자 원칙을 지켜내는 데 매우 중요합니다.

적립식 주식투자는 워런 버핏처럼 시장을 바라볼 수 있게 해줍니다. 우량주가 낮은 가격에 오면 같은 금액으로 더 많은 수량을 살 수 있고, 그렇게 산 주식이 상승하는 것을 확인하면서 투자자의 생각은 서서히 변하게 될 것입니다. 적립식으로 목돈을 만드는 일도 중요하지만 그보다 가치투자의 신세계를 발견하는 것이야말로 최고의 자산이 되겠죠. 심리적인 불안감을 극복하면서 가치투자를 배우게 되고 장기적으로 높은 수익률을 달성하게 되니 1석3조 투자 기법이라 할 수 있습니다.

정액적립식의 단점을 보완한
밸류 에버리징 기법

안전한 투자법은 진정 존재하는가?

앞서 설명했다시피 정액적립식 투자는 시간이 부족하고 자금력에도 한계가 있는 직장인들에게 안정적이면서도 목돈 마련의 기회를 주는 가장 적합한 투자법이라 할 수 있습니다. 하지만 모든 방법론이 그렇듯 완벽할 수는 없겠죠. 적립식 투자에도 두 가지 문제점이 있습니다.

첫째는 적립이 다 끝났을 때 주식 가격이 우상향하는 과정에 있어야 한다는 것과 둘째로 장기 투자여야 한다는 것입니다. 종목 선정 기준은 성장이 예상되는 우량주여야 하며, 최소 다섯 종목 이상을 적립 대상으로 삼는 것이 좋습니다. 또한 매월 일정 금액을 꾸준히 불입할 수 있는 현금흐름이 존재해야 합니다. 중간에 적립을 포기하면 안 됩니다.

또 편입 종목의 영업이익률이나 매출에 문제가 있을 경우에는 적립을 중단하고 매도해야 합니다. 때로는 불가피하게 적립 종목 변경도 필요하지요.

이러한 문제들을 보완하기 위해 탄생한 기법이 바로 마이클 에들슨이 내놓은 밸류 에버리징(VA) 기법입니다.

주가의 움직임은 아무도 모른다

우선 이 기법은 직장인들이나 자영업을 하는 사람이 대상입니다. 물론 전업 투자자도 할 수 있습니다만 적립식 투자 자체가 매월 일정한 수입이 있고, 그 수입의 일부를 뚝 떼서 저축이 가능한 사람에게 매우 적합한 투자 기법이기 때문에 여기서는 논외로 하겠습니다.

일정한 현금흐름이 없어도 목돈을 계좌에 한 번에 넣고 포트폴리오를 구성해서 매매하는 방식으로 투자할 수도 있습니다. 그런데 이 두 가지 중 어느 쪽이 편안하고 안전하게 수익을 낼 수 있는지 비교해 봅시다.

정액적립식 투자의 최대 이점은 주식의 평균 매수 가격을 낮출 수 있다는 점입니다. 주가가 비쌀 때는 적은 물량을 사지만 주가가 하락했을 때 더 많은 주식을 살 수 있기 때문에 매입 단가가 평준화됩니다. 그런데 문제는 주식이 어떻게 움직일지 아무도 모른다는 사실입니다. 어느 누구도 주식의 방향성을 미리 알 수는 없죠.

그렇지만 많은 투자자들이 주식의 방향성을 맞추는 쪽에 공을 들이곤 합니다. 또한 자신의 오판으로 주가가 하락하고 있는데도 자기 합리화를 하면서 리스크를 확대하는 경향이 있습니다. 자신의 판단이 맞는지 틀린지도 모르는 상황에서 리스크를 잔뜩 짊어지고 투자 행위를 하는 것이지요.

VA 기법은 이 두 가지를 경계하는 투자입니다. 내 판단이 맞는지 틀리는지 나는 모른다는 겸손함, 이러한 겸손함에서 리스크를 최소화하려는 노력이 적립식 투자의 바탕이 됩니다.

매도 타이밍을 알려주는 VA 기법

정액적립식은 적립하고 있는 주식이 급등할 때 언제 매도해야 할지 '신호'를 주지는 않는다는 단점을 가집니다. 주식을 무한정 사기만 할 수는 없는 법이니 적립 기간이 끝나갈 때쯤에는 매도를 생각해야 하는데 이 부분에서 정액정립식 기법은 다소 문제가 있지요.

에들슨이 이러한 단점을 보완해서 VA 기법 만듭니다. VA 기법은 주가가 하락하면 정액적립식보다 더 많이 주식을 사라는 신호를 주고, 주가가 급등하면 적립 주식을 매도하라고 신호를 줍니다.

정액적립식과 VA 기법의 가장 큰 차이를 한 마디로 정리하면 다음과 같습니다.

- **정액적립식: 매월 100만 원씩 주식을 매입한다.**
- **VA 방식: 매월 주식의 보유가치를 100만 원씩 올려가면서 매입한다.**

쉽게 말하면 정액적립식 기법에서는 기계적으로 매월 100만 원씩 포트폴리오로 구성해놓은 주식을 매입합니다. 반면에 VA 기법에서는 포트폴리오 가치를 매월 100만 원씩 증가시키면서 적립합니다.

예를 들어 내가 S라는 주식을 매입한다고 가정해봅시다. 주가가 2만 원이었을 때 VA 기법으로 주식을 100만 원어치 매입하면 총 50주를 살 수 있습니다.

두 번째 달에 자금을 불입해서 주식을 사려고 하니 주가가 25,000원이 됐습니다. 이때 얼마를 불입해야 할까요? 두 번째 달에 포트폴리오의 가치가 200만 원이 되어야 한다는 점이 중요합니다. 첫 달에 자금을 불입해서 매입한 50주의 가치는 현재 25,000×50=125만 원이 됐습니다. 포트폴리오 가치를 200만 원으로 맞춰야 하니깐 이번 달에는 주식을 100만 원이 아닌 75만 원어치만 사면 됩니다. 몇 주를 살 수 있을까요? 30주를 사면 되겠죠(75만 원/25,000원=30주). 이렇게 두 번째 달에 총 80주를 보유하게 됐습니다.

정액적립식 기법이라면 어떨까요? 매월 무조건 100만 원을 기계적으로 적립하고 주식을 매입하기 때문에 주가가 25,000원일 때 40주를 살 수 있습니다.

세 번째 달이 되니 다시 주가가 2만 원으로 하락했습니다. 이때는 또 몇 주를 사야 할까요? VA 기법에서는 세 번째 달에 포트폴리오 가치를 300만 원으로 맞춰야 합니다. 현재 보유 주식 80주의 가치는 160만 원(2만 원×80주)입니다. 따라서 140만 원을 불입해야 합니다. 주가가 2만 원이니까 140만 원으로 70주를 살 수 있겠네요.

반면 정액적립식 기법으로는 100만 원을 불입하고 50주를 매입합니다. 여기서 알 수 있듯이 VA 기법은 매월 일정액을 불입하지 않습니다. 주가가 오르면 적립 금액을 줄이고 주가가 하락하면 적립 금액

■ 정액정립식과 VA 기법의 차이 ■

		첫 달	둘째 달	셋째 달	넷째 달	소계
정액적립식	불입액	1,000,000	1,000,000	1,000,000	1,000,000	4,000,000
	주가	20,000	25,000	20,000	30,000	
	적립 수량	50	40	50	33	173

		첫 달	둘째 달	셋째 달	넷째 달	소계
VA 기법	주가	20,000	25,000	20,000	30,000	
	적립 포트 폴리오 가치	1,000,000	2,000,000	3,000,000	4,000,000	
	불입액	1,000,000	750,000	1,400,000	−500,000	2,650,000
	적립 수량	50	30	70	−17	133

을 늘려야 합니다.

마지막으로 네 번째 달을 생각해봅시다. 주가가 폭등해서 3만 원이 되었습니다. 두 가지 기법으로 어떻게 적립해야 할까요? 먼저 정액적립식 기법을 따르면 주가에 상관없이 기계적으로 100만 원을 불입해야 하기 때문에 33주를 삽니다.

반면 VA 기법에서는 포트폴리오 가치가 400만 원이 되어야 하니 계산이 좀 더 필요합니다. 3개월 동안 적립해서 매입한 주식 수는 총 150주입니다(50+30+70주=150주). 포트폴리오 가치는 450만 원이 됐습니다(150주×3만 원). 그러므로 네 번째 달에는 주식을 사는 것이 아니라 오히려 50만 원어치의 주식을 팔아야 합니다. 바로 이런 식으로 VA 기법은 주가가 크게 오르니깐 주식을 매도하라는, 즉 팔라는 신호를 줍니다.

자, 이제 두 기법의 차이를 아셨나요? VA 기법에서는 주가가 급등하면 주식을 매도하거나 조금만 사라고 합니다. 이것이 VA 기법의 최대 장점입니다.

주가가 하락할 때는 과감하게 돈을 더 투입해서 주식을 더 사라고 하지만 상승할 때는 적게 사라고 합니다. 그리고 주가가 급등할 때는 아예 주식을 일부 팔라고 알려주죠. 상당히 합리적인 기법이지 않나요? 이와 같은 매매 방식의 차이 때문에 투자 수익률 면에서도 차이가 납니다. 《안전한 투자법》에서는 이를 다음과 같이 설명합니다.

"VA 전략에서는 주식 가격이 하락하면서 많은 사람이 당황하고 있을 때 냉정함을 잃지 않고 정해놓은 전략에 따라 평소보다 더 많은 양의 주식을 사들일 수 있는 실천력이 꼭 필요하다. 포트폴리오 가치가 떨어지는 약세시장에서 이것을 목표한 만큼 끌어 올리려고 주식을 사들일 때 이러한 실천력은 더욱 중요하다."

바로 이 부분이 핵심입니다. 과연 주가가 하염없이 폭락하는 시장에서 과감하게, 기계적으로 주식을 더 많이 매수할 수 있을까요? 이를 실천할 수 있는 사람만이 돈을 벌 것입니다. 이론을 백 번 배우는 것보다 한 번의 실천이 더 중요한 법입니다.

"주식시장의 평균회귀 성향은 장기 투자자들에게 리스크를 줄일 수 있도록 해준다. 그리고 투자 계획을 세울 때 최고 시세에서 사들이거나 최저 시세에서 파는 행위를 방지해 자동으로 주식시장의 과민반응을 유리한 쪽으로 활용할 수 있게 한다. 시장이 비합리적 영역으로 빠져들면 VA 전략과 같은 공식화된 전략은 시장 과민반응이 조정되기 전 가격이 일시적으로 높게 형성되었을 때 주식을 팔고, 낮게 형성되었을 때 사들이도록 해준다."

적립식 투자는 선택이 아닌 필수

그런데 VA 기법에도 문제가 있습니다. VA 기법에서 주가 하락 시 더 많은 수량을 사라고 하는 것은 이해가 됩니다. 그런데 주가가 급등하면 주식을 팔라고 합니다. 만일 주가가 지속적으로 대세 상승해버리면 VA 기법은 계속 주식을 팔라고 할 것입니다. 적립식으로 목돈을 마련하려면 꾸준히 적립하면서 대세 상승 구간에서 주식을 보유하고 있어야 하는데 말이죠. 이 점이 VA 기법에서는 문제가 됩니다.

또 VA 기법에서 포트폴리오 가치의 최대한도는 초기 설정한 금액의 배수입니다. 처음 시작하는 달에 100만 원을 설정했다면 1년 후에 포트폴리오 가치는 1,200만 원으로 한정됩니다. 주가가 대추세로 상승하면 거기에 맞게 주식도 더 많이 갖고 있어야 하는데 VA 기법에서는 그렇게 할 수 없습니다. 반면 정액적립식 기법에서는 기계적으로 주식을 매수하고 팔지 않기 때문에 대세 상승기에 큰 수익을 낼 수 있습니다.

두 기법 모두 일장일단이 있어 어느 것이 정답이라고 말할 수는 없습니다. VA 기법은 주가의 변동성 리스크를 감안해서 포트폴리오를 리밸런싱하는 기법입니다. 반면 정액적립식 투자는 시장이 장기적인 상승 추세라는 전제조건이 맞아떨어졌을 때 수익률이 높죠. 따라서 성장주를 정액적립식으로 투자하면 성공 확률이 높습니다.

둘 중 무엇을 선택하든 기억해두어야 할 사실은 두 기법 모두 매달 일정 금액을 투자하는 '적립식 투자'라는 점입니다. 안정적으로 목돈 마련을 추구하는 직장인들에게 적립식 투자의 중요성은 아무리 강조해도 지나치지 않습니다. 직장인들이 적립식 투자를 해야 하는 이유를 다시 한 번 정리하며 글을 마무리해볼까 합니다.

(1) 주가의 행방은 맞출 수 없습니다. 주가를 예측할 수 있다는 환상에 빠지지 않고 평균회귀의 법칙을 믿는 투자에 집중할 수 있습니다.

(2) 적립식 투자는 탐욕과 공포를 배제할 수 있습니다. 투자자들은 주가가 급등하면 흥분하면서 추격 매수를 하고, 급락하면 공포심에 사로잡혀 투매를 합니다. 적립식 투자는 이러한 비합리적이고 비이성적인 매매를 방지합니다.

(3) 시간과 자금의 한계를 가진 직장인들에게 목돈 마련의 기회를 주는 좋은 전략입니다.

(4) 투자에 있어서 가장 중요한 덕목인 평정심을 유지하는 법을 자연스럽게 배울 수 있습니다.

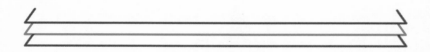

'나를 발견하는 투자'를 하라

주식투자에서 가장 어려운 부분은 '심리'에 있습니다. 심리가 무너지면 제아무리 완벽한 기법도 소용이 없죠. 투자 심리를 안정적으로 유지하는 것이야말로 성공 투자의 핵심이라고 해도 과언이 아닙니다. 그렇다면 심리적 안정을 어떻게 확보할 수 있을까요?

이 책에서는 재무제표가 알려주는 핵심적인 세 개 지표를 통해 좋은 기업을 고르자고 했습니다. 실적이 좋은 주식을 투자 대상으로 하기 위함이었죠. 당연히 실적이 좋지 않거나 경제적 해자가 없는 기업은 배제됩니다. 부실기업의 주식을 들고 있으면 심리적 안정을 꾀할 수 없습니다. 볼린저 밴드를 이용한 기술적 분석으로 기계적 시점 선택을 하자는 것 또한 심리적 안정과 관련이 있습니다. 주가가 오르면 투자자들은 흥분해서 묻지 마 매수를 하고 주가가 급락하면 투매에 동참하는 경향이 있습니다. 그 결과 매도해야 할 시점에 주식을 사거나 매수해야 할 시점에 헐값에 팔아버리게 되죠. 심리적으로 불안한 상태에서는 원칙 없는 매매가 발생하고 이는 큰 손실로 이어집니다.

포트폴리오를 짜서 종목을 관리하는 것 또한 심리적 안정을 위해서입니다. 대박을 노린 몰빵 투자 방식은 매우 위험합니다. 대박 심리는 조급함에서 나오는데, 주식투자에서 조급함만큼 큰 적은 없습니다. 조급함은 심리적 불안을 초래하고 모든 투자를 망쳐놓습니다. 그래서 우량주로 포트폴리오를 구성하는 행위는 투자 심리 안정을 위해 반드시 필요합니다.

그래서 이 책은 시장의 과민반응에 흔들리지 않고 평정심을 유지하기 위해, 그래서 손실을 막고 안정적인 수익을 이뤄내기 위해 기본적 분석과 기술적 분석을 어떻게 활용하느냐에 주안점을 뒀습니다. 이 책이 말하고자 하는 바를 한 문장으로 정리하면 경제적 해자를 가진 이익률이 높은 종목을 투자 대상으로 하여, 기술적 분석을 통한 역발상으로 매매 타이밍을 잡고, 포트폴리오 구성을 통해 리스크를 줄이자는 겁니다.

이런 원칙을 설정했다면 이제 그 원칙을 지키는 일만 남았습니다. 누구나 원칙을 세웁니다. 중요한 것은 그 원칙을 일관되게 얼마나 잘 지켜내느냐에 있겠지요. 물론 원칙 자체가 이익을 가져다줄 것인가에 대한 검증도 필요하겠습니다. 어쨌든 일단 원칙이 세워졌다면 이를 지켜야 합니다. 그리고 그 원칙에 따라 매매를 하다가 문제점이 발견되면 하나씩 개선해 나가야 합니다. 자신의 경험을 통해 수정하고 보완해서 좋은 원칙을 만들어가면 됩니다.

원칙을 어기는 매매는 어디서 올까요? 이 역시 당장 큰 이익을 내겠다는 조급함에서 옵니다. 급등하는 주식을 추격 매수하는 행위는 이 책에서 제시하는 볼린저 밴드 매수와 정반대되는 행위입니다. 주가가 충분히 조정을 받았을 때 주식을 매수하겠다는 원칙을 지키는 것만으로도 묻지 마 매수는 자연스럽게 예방됩니다. 주식이 급등할 때는 오히려 분할매도 원칙을 작동시켜야 하겠지요.

정신과 의사로 투자 심리 분야에서 일가를 이룬 알렉산더 엘더는 다음과 같은 말을 했습니다.

"시장이 열리지 않는 주말에 대부분의 투자자들은 이성적이다. 이때는 차분히 차트를 연구하면서 무엇을 사고 팔지, 어느 지점에서 이익을 취할지, 언제 손절매를 할지 이성적으로 결정한다. 하지만 시장이 열리는 월요일이 되면 아무리 신중하게 세운 계획이라고 해도 그들의 땀을 쥔 손 안에서는 모두 휴지조각이 되어버리고 만다."

왜 이런 현상이 발생할까요? 인간의 감정은 그 어떤 것보다 통제 불가능하기 때문입니다. 큰 돈을 빨리 벌겠다는 조급함과 군중심리에 휩쓸리게 되면 자신이 세운 투자 원칙은 온데간데없어지고 무원칙한 매매를 하게 됩니다. 이 같은 '나를 잃어버리는 투자'는 모든 매매를 망가뜨리게 되죠. 알렉산더 엘더는 투자 행위에 대해 이렇게 말했습니다.

"거래는 자아를 발견하는 여행이다."

주식투자는 수없는 자기 부정과 후회의 반복일 수도 있습니다. 투자라는 전쟁터에 들어서면 나의 자아를 찾기 힘듭니다. 내가 아닌 나를 발견하고 놀라게 되죠. 원칙을 세우고 실천하는 나를 어떻게 구축할 수 있을까요? 군중심리에 휩쓸리는 나는 내가 아닙니다. 그때의 나는 군중의 꼭두각시에 불과하죠. 이런 매매에서 '나'는 없습니다. 이는 자신의 삶을 사는 것이 아닙니다. 죽이 되든 밥이 되든 나만의 투자 원칙을 세우고 이를 실천해야 합니다. 그리고 경험을 통해 원칙을 보완해서 더 나은 원칙을 확립해나가야 합니다. 이런 행위가 반복될 때만이 비로소 투자가 나의 자아를 발견하는 여행이 될 수 있습니다.

투자는 매매 기법과 자금 관리, 투자 심리라는 삼각함수 문제를 푸는 일이라는 생각을 종종 하곤 합니다. 투자 여행은 계속될 수밖에 없고 여러분이 바로 주인공입니다. 부디 조급함을 버리고 성공을 확신하면서 여러분만의 투자 원칙을 지켜나가시기 바랍니다.

부록

재무제표로 뽑은
한국의 유망 기업들

이 책에서 언급한 세 가지 지표인 영업이익률, ROE, 잉여현금흐름을 통해 우량주를 선별해봤습니다. 일단 성장성이 낮은 기업은 배제하는 것이 좋고요, 성장성이 기대되는 기업이라 하더라도 여전히 시점 선택의 문제는 남습니다. 좋은 기업이 좋은 가격에 왔을 때 비로소 좋은 주식이라고 할 수 있으니까요. 그리고 경제적 해자가 무너질 경우에는 관심 대상에서 제외해야 합니다. 기업은 살아 있는 생물과 같아서 경제적 해자가 언제든 훼손될 수 있다는 점을 기억해야 합니다.

따라서 이 글에서 언급한 지식은 '시의성'을 가질 수밖에 없다는 점을 감안해주시기 바랍니다. 자료 출처는 네이버 금융란입니다. 표를 볼 때는 매출액 증가세, 이익률 추이, 현금흐름, 설비투자 등을 중심으로 살피면 됩니다.

■ 업종별 강소기업 분류 및 정보 ■

업종	종목명	시가총액	발행주식수 (만주)	대주주 지분(%)	사업분야
2차 전지	에코프로비엠	9조	2,191	50.7	양극재 국내 1위, 밸류체인 수직계열화
	엘앤에프	6조 7,000억	3,481	24.9	하이니켈 양극재 경쟁력
	천보	2조 8,000억	1,000	55.7	특수 전해질 국내 1위
	후성	1조 8,000억	9,260	49.6	범용전해질, 냉매, 특수가스
	SKC	6조 6,000억	3,786	40.9	산업소재, 화학사업에서 동박 추가
	일진머티리얼즈	4조 8,000억	4,611	53.3	IT 및 2차전지용 동박 생산
	솔루스첨단소재	2조 5,000억	3,058	53.2	전지박, OLED소재 사업

업종	종목명	시가총액	발행주식수 (만주)	대주주 지분(%)	사업분야
바이오, 의료 기기	클래시스	1조 5,000억	6,471	73.9	미용 의료기기, 영업이익률 50% 이상
	노바렉스	3,000억	900	37.4	건강기능식품 CMO 국내 1위
	엘앤씨바이오	8,000억	2,268	33.7	인체조직 이식재 전문, 중국 진출
	티앤엘	4,000억	812	47.7	창상피복재 및 정형외과 고정제
	제이시스메디칼	5,000억	7,129	30.8	미용 의료기기
	파마리서치	9,000억	1,011	39.8	의료기기, 화장품, 보톡스 사업
	아미코젠	6,000억	1,975	15.9	바이오 소재, 헬스케어, 제약용 효소
	오스템임플란트	1조 9,000억	1,428	20.6	치과용 임플란트 국내 및 중국 1위
IT	삼성전기	11조 8,000억	7,469	23.8	MLCC, 카메라 모듈, 기판사업
	티씨케이	1조 4,000억	1,167	44.4	반도체용 SiC 링 글로벌 사업자
	리노공업	2조 6,000억	1,524	34.6	반도체 검사용 소켓
	ISC	4,000억	1,654	34.7	메모리, 비메모리 테스트 소켓
	덕산네오룩스	1조 3,000억	2,401	57.0	OLED 소재 전문업체
	한솔케미칼	3조 8,000억	1,133	15.1	과산화수소, QD OLED 소재, 2차전지 소재
	하나머티리얼즈	9,000억	1,973	45.2	반도체용 Si 및 SiC 링 제조
	노바텍	3,000억	1,008	56.8	모바일용 차폐자석 전문

업종	종목명	시가총액	발행주식수 (만주)	대주주 지분(%)	사업분야
소프트 웨어	더존비즈온	2조 6,000억	3,038	30.9	ERP, 위하고 플랫폼, 매출채권팩토링
	쿠콘	6,000억	807	33.6	핀테크 API 사업, 마이데이터 관련주
	인크로스	3,000억	805	34.6	뉴미디어 광고기업, 티딜 신사업
	NICE평가정보	1조 2,000억	6,071	42.9	개인 및 기업 신용정보사업, 마이데이터
	아프리카TV	2조	1,149	25.8	1인미디어 플랫폼, 광고사업 확대
서비스 및 엔터	코웨이	6조	7,379	25.1	렌탈 1위, 말레이시아 및 미국 진출
	NAVER	68조	16,426	9.9	검색, 이커머스, 콘텐츠, 클라우드, 메타버스
	카카오	57조 2,000억	44,536	24.2	카카오톡, 커머스, 모빌리티, 게임, 콘텐츠
	하이브	13조 6,000억	3,905	35.2	글로벌 엔터테인먼트 기업, 방탄소년단
	JYP엔터	1조 9,000억	3,549	15.8	엔터테인먼트 사업, 디어유 2대 주주
	스튜디오드래곤	2조 6,000억	3,001	55.9	드라마 제작 국내 1위 기업
통신	RFHIC	8,000억	2,664	36.4	GaN 소재 글로벌 2위, 5G, 방산, 전력반도체

1 | 에코프로비엠

■ 에코프로비엠 재무제표 ■

(단위 : 억 원, %)

	2016/12 (IFRS별도)	2017/12 (IFRS별도)	2018/12 (IFRS별도)	2019/12 (IFRS별도)	2020/12 (IFRS연결)	2021/12(E) (IFRS연결)	2022/12(E) (IFRS연결)	2023/12(E) (IFRS연결)
매출액	998	2,899	5,892	6,161	8,547	13,988	22,883	35,997
영업이익	94	223	503	371	548	1,232	2,039	3,294
FCF	−583	−350	−489	−1,690	266	−969	−963	−1,490
영업이익률	9.40	7.69	8.53	6.02	6.41	8.80	8.91	9.15
ROE(%)	4.48	14.13	26.73	12.99	10.60	16.91	20.06	25.39

2차전지 소재인 양극재를 생산하는 회사입니다. 경쟁사로는 포스코케미칼, 엘앤에프가 있습니다. 양극재는 배터리 소재 중에서도 비중이 가장 크기 때문에 수요량이 많습니다. 현재 양극재 업체들이 대대적인 증설을 추진 중이라 주목할 만합니다. 에코프로비엠의 강점은 원가절감을 위한 리튬이온 가공과 리사이클링 밸류체인을 확보하고 있다는 점입니다.

■ 글로벌 양극재 업체별 생산량 비교 ■

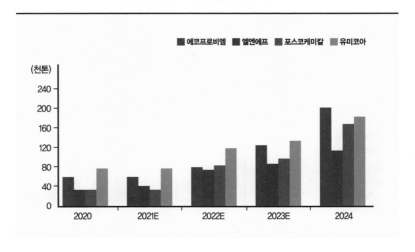

■ 천보 재무제표 ■

(단위 : 억 원, %)

	2016/12 (IFRS연결)	2017/12 (IFRS연결)	2018/12 (IFRS연결)	2019/12 (IFRS연결)	2020/12 (IFRS연결)	2021/12(E) (IFRS연결)	2022/12(E) (IFRS연결)	2023/12(E) (IFRS연결)
매출액	720	875	1,201	1,353	1,555	2,571	3,974	5,850
영업이익	149	180	270	272	301	468	781	1,195
FCF	− 111	0	98	− 24	− 318	− 107	− 78	90
영업이익률	20.71	20.62	22.52	20.10	19.38	18.22	19.65	20.43
ROE(%)	22.2	21.35	24.53	14.49	12.57	16.74	22.30	26.74

바야흐로 전기차 시대입니다. 적어도 2030년까지는 지금과 같은 랠리가 이어질 것으로 예상되기에 2차전지 소재주들을 주목할 필요가 있습니다. 배터리 소재는 크게 양극재, 음극재, 분리막, 전해액, 동박 등 다섯 개 분야로 나뉩니다. 각 분야에서 생산 능력이 크고 이익률이 높으며 자금조달력이 있는 기업을 선정해야 합니다. 천보는 전해액 원료인 전해질 생산업체입니다. 국내의 독보적인 특수 전해질 생산업체로, 이익률이 높고 대규모 증설이 예정되어 있습니다.

■ 전해액 구성 비율과 생산능력 전망 ■

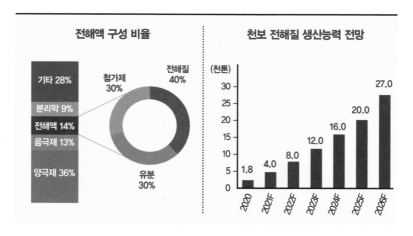

3 | 클래시스

■ 클래시스 재무제표 ■

(단위 : 억 원, %)

	2016/12 (IFRS연결)	2017/12 (IFRS연결)	2018/12 (IFRS연결)	2019/12 (IFRS연결)	2020/12 (IFRS연결)	2021/12(E) (IFRS연결)	2022/12(E) (IFRS연결)	2023/12(E) (IFRS연결)
매출액	272	349	475	811	765	1,054	1,315	1,546
영업이익	83	108	175	417	406	575	739	885
FCF	56	−231	12	328	373	348	588	719
영업이익률	30.34	30.98	36.81	51.41	53.11	54.56	56.20	57.25
ROE(%)	56.02	−19.90	34.51	48.06	36.06	32.51	30.85	28.36

클래시스는 피부미용 의료기기 및 관련된 소모품을 취급하는 기업입니다. 2019년부터 영업이익률이 50%로 높아졌습니다. 국내 기업으로는 영업이익률 최상위권에 속합니다. 의료기기를 팔고 나면 소모품 매출이 발생하는 사업구조인데 소모품 마진율이 높습니다. 아름다움에 대한 열망만큼 강한 것은 찾기 힘들죠. 그런 측면에서 피부미용에 관련된 수요는 지속적일 수밖에 없습니다. 소모품 마진율이 높기 때문에 소모품 비중이 높아질수록 영업이익률 역시 계속 상승할 것입니다. 장비 누적 판매 대수의 증가 역시 사업안정성 강화에 기여하기에 긍정적으로 볼 수 있습니다.

■ 소모품 매출액 및 영업이익률 추이 ■

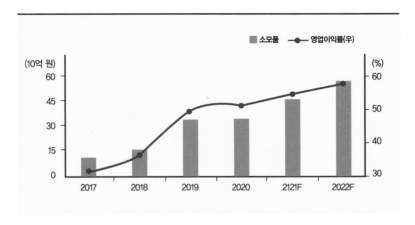

▪ 제이시스메디칼 재무제표 ▪

(단위 : 억 원, %)

	2016/12 (IFRS연결)	2017/12 (IFRS연결)	2018/12 (IFRS연결)	2019/12 (IFRS연결)	2020/12 (IFRS연결)	2021/12(E) (IFRS연결)	2022/12(E) (IFRS연결)	2023/12(E) (IFRS연결)
매출액	460	545	643	839	1,087	1,522	1,781	2,109
영업이익	141	148	87	191	334	544	660	800
FCF	68	18	− 234	97	− 24	413	541	696
영업이익률	30.70	27.25	13.54	22.73	30.74	35.73	37.05	37.95
ROE(%)	8.50	7.39	7.65	8.20	14.42	17.99	18.32	18.17

클래시스의 경쟁사인 제이시스메디칼과 루트로닉은 비슷한 사업구조를 갖고 있습니다. 미용 · 의료 기기를 팔고 난 뒤에 여기에 들어가는 소모품을 지속적으로 공급하는 것이죠. 그래서 소모품 마진율이 높습니다. 또한 장비의 누적 판매량이 많아질수록 소모품 매출 비중이 자연스럽게 증가하고 영업이익률이 높아지면서 사업이 안정화됩니다.

5 | 파마리서치

■ 파마리서치 재무제표 ■

(단위 : 억 원, %)

	2016/12 (GAAP개별)	2017/12 (GAAP개별)	2018/12 (GAAP개별)	2019/12 (IFRS연결)	2020/12 (IFRS연결)	2021/12(E) (IFRS연결)	2022/12(E) (IFRS연결)	2023/12(E) (IFRS연결)
매출액	249	234	279	368	508	816	1,027	1,251
영업이익	5	− 22	4	27	114	222	306	411
FCF	− 5	− 18	− 23	5	137	168	233	309
영업이익률	1.82	− 9.56	1.36	7.46	22.54	27.21	29.83	32.83
ROE(%)	0.16	− 31.46	1.00	11.50	190.55	29.52	44.20	39.70

피부재생에 안전성과 유효성이 확인된 물질인 PDRN/PN 제조기술을 보유하고 있는 기업입니다. 연어의 생식세포에서 추출한 DNA를 분리 · 정제해서 의약품 및 의료기기 원료로 사용합니다. 피부재생을 통한 관절 치료제인 '콘쥬란'과 피부미용을 위한 '리쥬란'이 대표적인 제품입니다.

콘쥬란의 경우 급여 품목 전환 이후 매출이 증가세에 있으며 리쥬란은 중국 시장을 기대해볼 만합니다. 이외에도 자회사를 통한 보톡스 사업도 진행 중입니다. 파마리서치의 경쟁력은 진입장벽이 높은 PDRN/PN 제조기술을 보유하고 있다는 점입니다. 부작용이 없는 피부미용 제품이라는 것도 강점으로 꼽힙니다.

6 | 티앤엘

■ 티앤엘 재무제표 ■

(단위 : 억 원, %)

	2016/12 (GAAP개별)	2017/12 (GAAP개별)	2018/12 (IFRS연결)	2019/12 (IFRS연결)	2020/12 (IFRS연결)	2021/12(E) (IFRS연결)	2022/12(E) (IFRS연결)	2023/12(E) (IFRS연결)
매출액	235	266	263	327	406	709	929	1,061
영업이익	45	57	53	77	96	242	375	438
FCF	38	−58	37	40	64	112	303	372
영업이익률	19.20	21.61	20.03	23.65	23.61	34.10	40.37	41.33
ROE(%)	28.15	25.90	17.10	24.10	19.09	27.99	29.49	26.95

상처를 보호하는 밴드나 겔 타입의 의료기기를 '창상피복재'라고 합니다. 티앤엘은 이와 같은 하이드로콜로이드 여드름 패치로 아마존 1위를 달성한 바 있는 기업입니다. 미국 기업에 OEM으로 수출하고 제품은 아마존을 통해 팝니다. 상처 치료와 함께 피부과에서 미용 목적으로 사용함에 따라 수출 지역도 유럽 등으로 확대되는 중입니다. 또 하나 주목해야 할 부분은 신규 사업입니다. 스마트 패치, 마이크로니들을 기반으로 하여 경피 약물 전달 시스템 시장에 진출했으며, 지혈제 개발도 현재 추진 중입니다.

■ 오스템임플란트 재무제표 ■

(단위: 억 원, %)

	2016/12 (IFRS연결)	2017/12 (IFRS연결)	2018/12 (IFRS연결)	2019/12 (IFRS연결)	2020/12 (IFRS연결)	2021/12(E) (IFRS연결)	2022/12(E) (IFRS연결)	2023/12(E) (IFRS연결)
매출액	3,446	3,978	4,601	5,650	6,316	8,192	9,664	11,522
영업이익	342	217	310	429	981	1,412	1,724	2,132
FCF	− 275	− 400	81	− 354	494	1,470	1,661	2,524
영업이익률	9.94	5.46	6.73	7.59	15.53	17.24	17.83	18.51
ROE(%)	22.05	9.30	11.45	− 17.24	78.80	43.27	36.46	34.35

오스템임플란트는 임플란트 국내 1위, 중국 1위, 글로벌 4위의 기업입니다. 치과 성장성이 높은 중국 시장에서 1위를 한다는 점에 주목해야 합니다. 독특한 임플란트 교육 시스템을 연계한 영업 전략이 주효하게 작용한 것으로 보이는데 현재 디지털 덴티스트리와 관련한 다양한 제품군을 추가하면서 치과 토탈 솔루션 업체로 변신 중입니다. 임플란트 관련주로 주목해야 할 기업들로는 디지털 임플란트에 강한 디오, 중국 시장에서 선전 중인 덴티움 등이 있습니다.

■ 임플란트 국내 및 중국 시장 점유율 ■

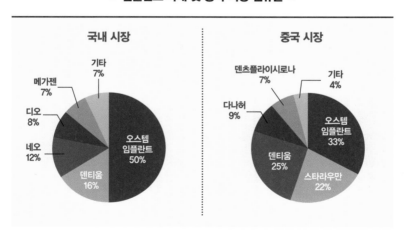

8 | 노바렉스

■ 노바렉스 재무제표 ■

(단위 : 억 원, %)

	2016/12 (IFRS연결)	2017/12 (IFRS연결)	2018/12 (IFRS연결)	2019/12 (IFRS연결)	2020/12 (IFRS연결)	2021/12(E) (IFRS연결)	2022/12(E) (IFRS연결)	2023/12(E) (IFRS연결)
매출액	771	809	1,073	1,591	2,228	2,783	3,443	3,965
영업이익	103	99	113	163	270	334	445	497
FCF	40	58	−15	−222	−242	212	328	394
영업이익률	13.32	12.24	10.56	10.25	12.11	11.99	12.91	12.53
ROE(%)	20.60	16.80	14.51	17.23	24.25	21.75	22.44	20.92

건강기능식품 분야 OEM/ODM 국내 1위 기업입니다. 고령화 및 소득 향상으로 건강기능식품 수요
가 안정적으로 성장 중에 있습니다. 또한 OEM/ODM 사업은 생산 규모 확대를 통한 규모의 경제
달성이 중요하며 마진율이 보장되기 때문에 안정성이 높습니다. 오송 신공장 완공으로 생산 능력
이 4,000억 원으로 증가했습니다. 국내에서 개별인정형 원료를 최다 보유한 기업이라는 점도 강점
으로 꼽힙니다. 서흥, 콜마비앤에이치도 건강기능식품 관련주로 주목해야 할 기업입니다.

9 | 엘앤씨바이오

■ 엘앤씨바이오 재무제표 ■

(단위: 억 원, %)

	2016/12 (IFRS별도)	2017/12 (IFRS별도)	2018/12 (IFRS연결)	2019/12 (IFRS연결)	2020/12 (IFRS연결)	2021/12(E) (IFRS연결)	2022/12(E) (IFRS연결)	2023/12(E) (IFRS연결)
매출액	118	179	212	292	330	467	600	
영업이익	21	49	55	90	73	145	200	
FCF	−8	35	−9	45	44	120	170	
영업이익률	17.54	27.21	25.79	30.98	22.21	31.05	33.33	
ROE(%)	28.44	27.97	15.00	13.11	18.64	14.86	19.44	

국내 1위 피부이식재 업체입니다. 중국과 합작 기업을 설립해서 중국 피부이식재 시장에 진출을 준비하고 있습니다(2023년 중국 공장 가동 예정). 신제품으로 연구 중인 무릎 동종연골 치료제 '메가카티'도 2022년 출시 예정으로 매우 큰 기대를 모으고 있습니다. 고령화에 따른 무릎연골 치료제 시장이 확대되는 중인데 메가카티는 동종연골을 직접 주입하기 때문에 부작용이 적고 빠른 회복이 가능하다는 장점이 있습니다.

10 | 아미코젠

■ 아미코젠 재무제표 ■

(단위: 억 원, %)

	2016/12 (IFRS연결)	2017/12 (IFRS연결)	2018/12 (IFRS연결)	2019/12 (IFRS연결)	2020/12 (IFRS연결)	2021/12(E) (IFRS연결)	2022/12(E) (IFRS연결)	2023/12(E) (IFRS연결)
매출액	690	737	945	1,152	1,159	1,390	1,668	1,919
영업이익	42	19	22	-22	31	54	65	75
FCF	-25	4	-80	-105	-50			
영업이익률	6.06	2.57	2.35	-1.90	2.68	3.89	3.90	3.91
ROE(%)	1.94	-5.40	37.11	0.07	22.99	1.48	2.67	3.02

바이오 소재 업체로서 주목해야 할 기업입니다. 바이오 산업에 필수적인 배지, 프로테인 레진을 국산화하여 2023년부터 생산 예정입니다. 콜라겐 원료 및 완제품 생산으로 건강기능식품 사업도 하고 있습니다. 독일 라이산도와 기술 제휴로 슈퍼박테리아 치료제인 엔돌라이신 생산을 추진 중입니다. 마이크로바이옴 기업 비피도를 인수했고 동물 의약품 툴라스로마이신 매출도 기대됩니다. 아미코젠은 지속적으로 바이오 소재 분야에서 역량을 키워왔지만 그간 매출은 미미한 편이었는데요, 2023년 공장 완공을 기점으로 바이오 소재 분야에서 매출 성장성이 높아질 가능성을 지켜볼 필요성이 있습니다.

■ 아미코젠 사업 영역 ■

특수 효소 및 그린 API	바이오 의약품 소재	헬스케어
▶▶ 제약용 특수효소	▶▶ 바이오 의약품 정제 레진	▶▶ 건강기능식품 소재 개발 및 제조
▶▶ GreenAPI	▶▶ 항체 배양 배지, 주요 소재	▶▶ 건강기능식품 완제품 생산 및 판매
▶▶ 차세대 항생제	▶▶ 다양한 의약 소재 개발	

■ 삼성전기 재무제표 ■

(단위 : 억 원, %)

	2016/12 (IFRS연결)	2017/12 (IFRS연결)	2018/12 (IFRS연결)	2019/12 (IFRS연결)	2020/12 (IFRS연결)	2021/12(E) (IFRS연결)	2022/12(E) (IFRS연결)	2023/12(E) (IFRS연결)
매출액	60,330	68,385	80,020	77,183	82,087	98,198	102,857	109,635
영업이익	244	3,062	11,499	7,409	8,291	14,551	16,025	17,122
FCF	−3,722	−7,586	3,635	−5,267	8,314	8,981	10,659	11,606
영업이익률	0.40	4.48	14.37	9.60	10.10	14.82	15.58	15.62
ROE(%)	0.35	3.82	14.50	10.18	10.92	16.49	15.76	14.79

삼성전기는 MLCC(적층세라믹콘덴서), 기판, 카메라 모듈 사업을 합니다. 이 중에서 MLCC 전망이 밝으며 기판 사업도 경쟁력이 있습니다. 그동안 수익성이 없는 사업을 모두 정리하고 MLCC와 기판 사업 확대를 통해 이익률 상승이 가능한 구조로 탈바꿈하는 중입니다. MLCC 사업이 이익의 70%를 책임지고 있으며 영업이익률은 20% 수준입니다. 전기차 보급에 따라 MLCC 비중은 더 높아질 것으로 예상됩니다.

■ MLCC 시장 점유율 ■

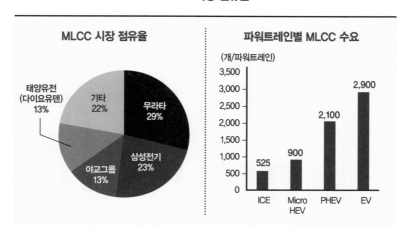

MLCC 시장 점유율

- 태양유전(다이요유덴) 13%
- 기타 22%
- 무라타 29%
- 삼성전기 23%
- 야교그룹 13%

파워트레인별 MLCC 수요

(개/파워트레인)

ICE	Micro HEV	PHEV	EV
525	900	2,100	2,900

■ 리노공업 재무제표 ■

(단위: 억 원, %)

	2016/12 (IFRS별도)	2017/12 (IFRS별도)	2018/12 (IFRS별도)	2019/12 (IFRS별도)	2020/12 (IFRS별도)	2021/12(E) (IFRS별도)	2022/12(E) (IFRS별도)	2023/12(E) (IFRS별도)
매출액	1,128	1,415	1,504	1,703	2,013	2,684	3,134	3,647
영업이익	393	492	575	641	779	1,104	1,263	1,481
FCF	299	275	404	298	781	485	815	1,037
영업이익률	34.86	34.74	38.27	37.66	38.68	41.11	40.30	40.60
ROE(%)	18.68	18.82	19.82	18.75	17.37	24.67	23.39	23.18

리노공업은 반도체 후공정에서 테스트 시 사용하는 소모성 제품을 만드는 기업으로, 최근 10년간 영업이익률 30% 이상 유지, 매출과 이익의 역성장이 없었던 유일한 기업입니다. 다품종 소량생산, 적기 납품체제, 5G와 비메모리 반도체 수요 증가에 따라 안정적인 성장을 예상해볼 수 있습니다. 비슷한 사업을 하는 또 다른 기업으로는 아이에스시(ISC)를 꼽을 수 있습니다.

■ 리노공업 매출액 및 영업이익 추이 ■

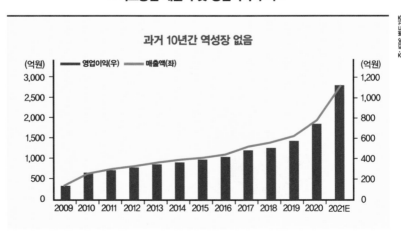

주: IFRS 별도기준

13 | 덕산네오룩스

■ 덕산네오룩스 재무제표 ■

(단위 : 억 원, %)

	2016/12 (IFRS별도)	2017/12 (IFRS별도)	2018/12 (IFRS별도)	2019/12 (IFRS별도)	2020/12 (IFRS별도)	2021/12(E) (IFRS별도)	2022/12(E) (IFRS별도)	2023/12(E) (IFRS별도)
매출액	423	1,004	907	979	1,442	1,921	2,426	2,908
영업이익	39	184	203	208	401	538	727	875
FCF	82	93	17	93	194	344	506	600
영업이익률	9.27	18.32	22.41	21.21	27.82	28.00	29.97	30.10
ROE(%)	4.39	14.52	14.28	12.73	18.91	22.62	23.32	22.21

국내 최고의 OLED 소재 기업입니다. 삼성에 주로 납품해왔지만 지금은 중국 업체들에게도 소재를 공급 중입니다. OLED 패널은 이제 스마트폰, 노트북, 태블릿 등 쓰이지 않는 곳이 없습니다. 게다가 내년 초 삼성이 퀀텀닷(QD)-OLED 패널을 본격 생산 예정이어서 더 큰 성장이 예상됩니다. 그 외에도 일본 도레이사가 독점하고 있던 PDL 소재의 국산화에 성공하면서 새로운 성장 동력이 될 가능성이 있습니다.

■ 한솔케미칼 재무제표 ■

(단위 : 억 원, %)

	2016/12 (IFRS연결)	2017/12 (IFRS연결)	2018/12 (IFRS연결)	2019/12 (IFRS연결)	2020/12 (IFRS연결)	2021/12(E) (IFRS연결)	2022/12(E) (IFRS연결)	2023/12(E) (IFRS연결)
매출액	4,604	5,216	5,819	5,443	6,193	7,814	9,054	9,939
영업이익	821	792	936	1,112	1,519	2,184	2,622	2,864
FCF	585	564	−177	300	798	1,007	1,409	1,835
영업이익률	17.84	15.18	16.08	20.42	24.53	27.94	28.95	28.82
ROE(%)	21.29	17.99	20.12	20.88	24.50	27.07	25.61	23.00

반도체용 과산화수소와 프리커서, 삼성향 QD 소재를 생산하는 기업입니다. 2차전지용 음극재 바인더 수요가 증가하고 있고 실리콘 음극재 시장에도 진출하면서 전기차에서 신성장 동력을 확보 중입니다. 반도체, OLED, 2차전지 사업으로 구성되면서 사업 안정성이 높고 전망도 좋습니다.

15 | 노바텍

■ 노바텍 재무제표 ■

(단위: 억 원, %)

	2016/12 (IFRS연결)	2017/12 (IFRS연결)	2018/12 (IFRS연결)	2019/12 (IFRS연결)	2020/12 (IFRS연결)	2021/12(E) (IFRS연결)	2022/12(E) (IFRS연결)	2023/12(E) (IFRS연결)
매출액	135	213	259	261	679			
영업이익	46	55	67	55	293			
FCF	20	81	61	−12	267			
영업이익률	34.70	25.92	25.78	21.14	43.23			
ROE(%)		31.72	29.21	16.42	44.10			

태블릿PC 내장용 자석 및 커버용 마그넷 플레이트를 생산하는 기업으로, 2020년부터 자동차용 모터 위치센서 차폐 자석을 공급 중입니다. 베트남 공장 증설에 따른 원가절감 및 매출 증가에 따른 영업레버리지가 기대됩니다.

16 | 더존비즈온

■ 더존비즈온 재무제표 ■

(단위 : 억 원, %)

	2016/12 (IFRS연결)	2017/12 (IFRS연결)	2018/12 (IFRS연결)	2019/12 (IFRS연결)	2020/12 (IFRS연결)	2021/12(E) (IFRS연결)	2022/12(E) (IFRS연결)	2023/12(E) (IFRS연결)
매출액	1,768	2,044	2,269	2,627	3,065	3,304	3,769	4,213
영업이익	384	505	540	668	767	836	997	1,148
FCF	446	169	439	−4,423	643	528	799	913
영업이익률	21.73	24.71	23.80	25.43	25.04	25.31	26.46	27.24
ROE(%)	19.82	23.49	23.36	18.78	15.09	15.39	16.02	16.41

국내 1위 중소기업용 ERP 공급 회사입니다. 최근 ERP 판매에서 벗어나 '위하고(WEHAGO)' 플랫폼을 통한 금융 사업자로 거듭나면서 위상이 달라지고 있습니다. '위하고'를 통해 수집된 정보를 핀테크 사업에 활용할 예정입니다. 기존 제품의 클라우드 전환율이 높아지면서 이익률 개선이 이루어지고 있는 중이며 미래에셋캐피탈과 매출 채권 팩토링을 시작하면서 본격적으로 핀테크 사업에 진출을 꾀하고 있어 기대감이 매우 커진 상황입니다.

■ 더존비즈온의 매출 채권 팩토링 사업 모델 ■

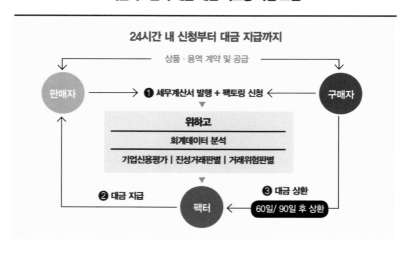

17 | 쿠콘

▪ 쿠콘 재무제표 ▪

(단위 : 억 원, %)

	2016/12 (IFRS연결)	2017/12 (IFRS연결)	2018/12 (IFRS연결)	2019/12 (IFRS연결)	2020/12 (IFRS연결)	2021/12(E) (IFRS연결)	2022/12(E) (IFRS연결)	2023/12(E) (IFRS연결)
매출액	147	259	412	514	637	771	910	
영업이익	22	35	62	112	166	217	273	
FCF	15	22	156	151	286.00	335	407	
영업이익률	15.25	13.45	15.12	21.88	26.11	28.13	30.05	
ROE(%)		22.95	31.46	36.49	18.85	19.56	19.74	

쿠콘은 빅데이터를 가공해서 기업, 금융기관, 공공기관 등에 API 형태로 서비스를 제공하는 핀테크
기업입니다. 독점적 사업자로서 경제적 해자를 갖고 있으며 내년부터 시작되는 마이데이터 사업에
따라 관련 매출 증가가 예상됩니다. 핀테크 시대에 주목해야 할 기업입니다.

▪ 쿠콘 비즈니스 모델(데이터 수집 및 연결 통로) ▪

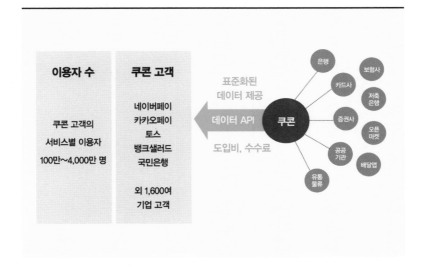

18 | 인크로스

■ 인크로스 재무제표 ■

(단위 : 억 원, %)

	2016/12 (IFRS연결)	2017/12 (IFRS연결)	2018/12 (IFRS연결)	2019/12 (IFRS연결)	2020/12 (IFRS연결)	2021/12(E) (IFRS연결)	2022/12(E) (IFRS연결)	2023/12(E) (IFRS연결)
매출액	315	368	358	345	394	525	629	725
영업이익	90	102	111	122	148	227	304	373
FCF	29	33.00	−17	24	235	316	400	409
영업이익률	28.61	27.89	31.00	35.43	37.65	43.24	48.38	51.38
ROE(%)	13.50	15.27	13.82	14.48	17.55	21.86	23.31	23.46

뉴미디어 광고대행업체로서 SK텔레콤의 자회사입니다. 30%가 넘는 높은 영업이익률을 기록하고 있는 우량 기업입니다. SK텔레콤과 SK브로드밴드가 보유한 빅데이터를 활용한 티딜(T-deal) 사업이 기대를 모으고 있습니다.

19 | 코웨이

■ 코웨이 재무제표 ■

(단위 : 억 원, %)

	2016/12 (IFRS연결)	2017/12 (IFRS연결)	2018/12 (IFRS연결)	2019/12 (IFRS연결)	2020/12 (IFRS연결)	2021/12(E) (IFRS연결)	2022/12(E) (IFRS연결)	2023/12(E) (IFRS연결)
매출액	23,763	25,168	27,073	30,189	32,374	36,238	39,986	43,974
영업이익	3,388	4,727	5,198	4,583	6,064	6,558	7,287	7,970
FCF	293	2,168.00	1,389	1,486	2,376	3,931	4,831	4,992
영업이익률	14.26	18.78	19.20	15.18	18.73	18.10	18.22	18.13
ROE(%)	20.14	30.12	33.84	30.74	31.51	28.14	25.40	22.94

국내 렌탈 1위 기업입니다. 넷마블에 인수된 이후 경영권이 안정됐고 말레이시아, 미국 등 해외 매출이 본격적으로 성장 중입니다. 렌탈 산업은 동남아 등지에서 성장성이 매우 높습니다. 말레이시아에서 렌탈 사업의 입지를 구축한 후에 인도네시아, 베트남 지역으로의 진출이 예상됩니다.

■ 동남아 국가들의 1인당 GDP 성장 및 가전 수요 증가 ■

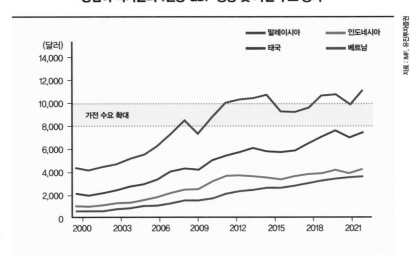

자료 : IMF, 유진투자증권

20 | 네이버

■ 네이버 재무제표 ■

(단위: 억 원, %)

	2016/12 (IFRS연결)	2017/12 (IFRS연결)	2018/12 (IFRS연결)	2019/12 (IFRS연결)	2020/12 (IFRS연결)	2021/12(E) (IFRS연결)	2022/12(E) (IFRS연결)	2023/12(E) (IFRS연결)
매출액	40,226	46,785	55,869	43,562	53,041	67,845	83,116	98,485
영업이익	11,020	11,792	9,425	11,550	12,153	13,597	17,561	22,026
FCF	10,102	4,678	4,385	9,209	6,878	10,776	13,110	19,368
영업이익률	27.40	25.20	16.87	26.51	22.91	20.04	21.13	22.36
ROE(%)	26.20	18.50	12.97	10.56	15.21	106.54	7.53	8.37

검색엔진으로 시작해 이커머스로 진화하고 있는 기업입니다. 그동안 미래 산업에 적극 투자하면서 성장 동력을 확보해왔으며 웹툰, 클라우드, 일본 이커머스, 핀테크 사업 등에서 본격적인 수익 창출이 시작되고 있는 중입니다. 현금흐름과 자사주를 이용한 영토 확장은 당분간 계속될 것으로 보입니다.

21 | 하이브

■ 하이브 재무제표 ■

(단위 : 억 원, %)

	2016/12 (GAAP개별)	2017/12 (GAAP개별)	2018/12 (IFRS연결)	2019/12 (IFRS연결)	2020/12 (IFRS연결)	2021/12(E) (IFRS연결)	2022/12(E) (IFRS연결)	2023/12(E) (IFRS연결)
매출액	352	924	3,014	5,872	7,963	12,272	19,420	23,855
영업이익	104	325	799	987	1,455	2,073	3,786	5,107
FCF	87	378	681	869	772	−397	2,088	2,681
영업이익률	29.47	35.22	26.52	16.81	18.27	16.89	19.50	21.41
ROE(%)		87.56	−80.60	56.47	12.52	10.98	15.78	17.94

BTS를 보유한 국내 최대 엔터테인먼트 기업입니다. 팬 플랫폼인 '위버스'를 통해 콘텐츠 제작, 유통을 내재화하면서 수익성 향상과 팬덤 락인 효과를 꾀할 수 있게 되었습니다. 지난 4월, 글로벌 기획사 이타카 홀딩스 인수로 아티스트, 플랫폼, 네트워크 부문에서 강력한 경쟁력을 확보했습니다.

■ 하이브 지배 구조 ■

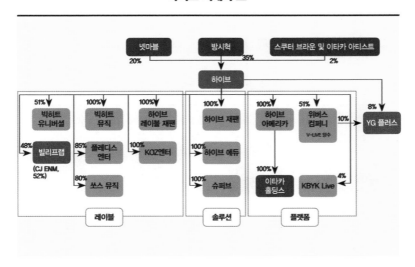

■ RFHIC 재무제표 ■

(단위: 억 원, %)

	2016/12 (IFRS연결)	2017/12 (IFRS연결)	2018/12 (IFRS연결)	2019/12 (IFRS연결)	2020/12 (IFRS연결)	2021/12(E) (IFRS연결)	2022/12(E) (IFRS연결)	2023/12(E) (IFRS연결)
매출액	612	621	1,081	1,078	705	1,190	1,819	2,158
영업이익	55	81	267	179	-30	102	332	421
FCF	126	31	406	181	-506	38	301	385
영업이익률	8.93	13.01	24.71	16.64	-4.25	8.57	18.25	19.53
ROE(%)	5.51	5.41	17.21	11.22	1.02	5.17	14.36	15.61

GaN(질화갈륨) 글로벌 2위 생산업체로, GaN은 현재 통신, 방위산업, 전력 반도체 등으로 활용 범위가 넓어지는 추세라 주목할 만합니다. 국내 굴지의 그룹사와 GaN 전력 반도체 합작투자 법인(조인트 벤처) 설립이 예정되어 있습니다. 5G 투자가 본격화되면 GaN 매출이 증가하리라 예상됩니다.

■ 차세대 신소재 GaN 기판의 변화와 구조 ■

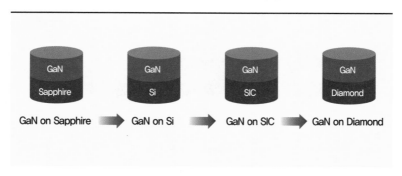